사랑아
사랑아

사랑아 사랑아

인생 끝자락에 부르는 너와 나의 연가

김유심 지음

사자와 어린양

머리말

나는 키위
자그마치 한 세기토록이나 살면서
저 광활한 창공을
한 번도 훨훨 날아보지 못한
안쓰런 키위
이 좋은 세상에 태어나서
어쩌자고 그리도 짜잔하게 살았을까
얼간이, 바보, 멍텅구리……

그래도 나는 기도하네
그래도 나는 노래하네
그래서 나는 드디어 알았고
그래서 나는 차라리 감사하네
이카로스의 날개를 내게 허락지 아니하심이
얼마나 큰 주님의 사랑이었는가를
어차피 내가 받은 기업은 땅이었는걸

註 ───────

- **키위:** 뉴질랜드 국조. 새과에 속했으나 날지 못하는 특성 때문에 공군이면서 지상 근무를 하는 사람을 일컫기도 한다.
- **이카로스:** 그리스 신화에 나오는 솜씨의 신(匠神) 다이달로스의 아들. 다이달로스는 왕을 위하여 정교한 미궁을 지어 바쳤지만 왕의 미움을 사 자신이 바친 그 미궁에 아들과 함께 갇히게 된다. 하지만 그는 멋진 날개를 만들어 달고 아들과 함께 미궁을 탈출한다. 밀랍으로 만든 날개이기 때문에 열에 약하니 태양 가까이는 가지 말라고 아들에게 일렀으나, 신바람 난 아들은 아버지의 경고를 무시하고 한없이 높이높이 올라가다가 태양열에 날개가 녹아 이카리아 지방에 곤두박질해 떨어져 죽었다.

차례

머리말 _ 4

1부

꽃밭에서 _ 14
공허(空虛) _ 15
설중매(雪中梅)의 사랑 _ 16
희망, 위로의 열매 _ 18
나는 나 _ 20
긴급동의 _ 22
악하고 게으른 종아 _ 24
사랑은, 희망은 _ 26
그러게, 누가 손핼까 _ 28
너와 나의 소망 _ 30
길고 짧은 것은 _ 32
누가 누가 잘하나 _ 34
가장 좋은 길은 _ 37
믿기에 _ 38

우리 가는 날 _ 40

더 큰 감사 _ 43

하나님이 찾으시는 사람 _ 46

사랑합니다 아버지 _ 48

좋은 사람들끼리 _ 50

사람은 외로워서 죽는다 _ 52

마땅히 _ 53

심는 자 _ 54

인생은 가위바위보 _ 56

바보예찬 _ 58

어느 시한부 인생의 죽음을 보며 _ 60

자존심 I _ 62

자존심 II _ 64

빈친다남(貧賤多男) _ 68

부자무친(父子無親) _ 70

원더풀 빚잔치 _ 74

껍질을 깨고 I _ 78

껍질을 깨고 II _ 80

양심 _ 81

하나님은 무엇을 기다리고 계시나 _ 82

2부

새해 첫날에 _ 86

어머니 _ 87

허무, 그리고 소망 _ 90

나는 야명조(夜鳴鳥) _ 92

숨바꼭질 _ 95

무엇이든 되어 _ 96

세한연후(歲寒然後) _ 98

벼랑 끝에서 _ 100

자식이 더 잘 아는 것 _ 102

사람이 하나님을 찾는 까닭은 _ 104

때문에 _ 106

자존심 III _ 108

부디 오늘도 _ 110

푸른 신호등 _ 112

사랑아 사랑아 I _ 114

하나님이 하셨네 _ 116

사랑은 가지 않는다 _ 118

그래서 더욱 _ 120

신종운동 _ 121

순복음 _ 122

고해성사 _ 124

인간은 감사할 자유밖에 없다 _ 126

기원(祈願) _ 128

세상이 시끄러운 것은 _ 130

변신(變身) _ 132

주님 내 일 하시고 나 주의 일 하고 _ 134

IQ 0.5 _ 136

사랑아 사랑아 II _ 138

안쓰런 사람아 _ 140

너 오는 길에는 맹감도 없더냐 _ 142

세월아 너 혼자 가렴아 _ 144

청개구리 되어 _ 146

지금 교회에선 _ 148

기울 앞에서 드린 새벽기도 _ 152

끝내 오지 못한 사랑하는 내 딸에게 _ 156

병아리의 행복 _ 159

우리 모두 행복한 것은 _ 160

엄니야 엄니야 _ 163

새 기도 새 노래 _ 164

가족 기도문 I _ 166

가족 기도문 II _ 168

3부

별난 이력 _ 172

나는 반딧불이 _ 174

사랑은 주는 것 _ 178

촌×이 _ 180

스승은 도처에 _ 184

어디까지 왔냐 당당 멀었다 _ 186

노 패인 노 게인(No pain No gain) _ 190

더러운 것이 정이라고! _ 193

살려거든 변하라 _ 196

거기 누구 없소 _ 198

주판 놓지 맙시다 _ 201

모두가 작가 _ 204

부자전승(父子傳承)의 축복 _ 208

내가 해야 할 일 _ 213

깨워줘야 깨어난다 _ 216

이해와 오해 _ 219

최고의 스승 _ 222

사람과 인간(人間) _ 225

울엄마 _ 228

내 고향은 삼척 _ 231

리커버(Recover) _ 235

굼벵이도 뒹구는 재주로 _ 238

너의 밑바닥 믿음을 보이라 _ 242

나는 왜 좀 더 부자가 되지 못했던고! _ 247

맺음말 _ 251

1부

꽃밭에서

속이고 훔치고 빼앗고 죽이고……
너무도 끔찍해 TV를 끄고 후우-
답답한 숨을 내뿜으며 공원으로 나간다.

첫눈에 확- 날 반겨주는 밥풀떼기 꽃
비록 볼품은 없어도 얼마나 귀엽고 앙증맞은지!
똥꽃이라도 무조건 꽃은 아름답다.

벚꽃, 개나리, 진달래, 튤립, 라일락……
꽃이란 꽃들이 모두 모여 있다.

사람이 꽃보다 아름답다는데
아름다워야 하는데
갈수록 사람의 악취만 진동하다니

사람이 아름답지 못해 꽃이 이리 아름다운가,
꽃들이 너무 아름다워 사람이 제빛을 잃어가는가.

공허 空虛

그대와 행복했던 그 자리
어제도 맴돌다
오늘도 서성이다
내일도 맴돌고 서성이겠지

추억이 아니라
미련이 아니라
그냥 그립고 그리워
남은 그리움을 마저 태우려네

비고 빈 가슴에
이제 더는 아무것도 채우지 않으리
텅 빈 허공은 그런대로 아름다운데
텅 빈 초라한 내 가슴도 어느 세월에 아름다워지려나

설중매雪中梅의 사랑

나 아니라도
사람들을 즐겁게 해줄 꽃들이 지천인데
굳이 거기 끼어 부대끼느니
그냥 살짝 빠져나왔다오

환호하고 칭송받는
찬란한 봄꽃이 아니라도 좋소
차라리 모두 귀해라 반겨주니
과분할 따름이오

나 이렇듯 극심한 설한풍에도 이 악물고 핀 것은
고난 중인 당신에게 꼭 말해주기 위해서라오
괴로워도 조금만 참으시구려
힘들어도 조금만 견디시구려

이 모진 겨울 지나고 나면
어김없이 당신의 화창한 봄이 오리니
그날 온 세상이 입 모아 찬미하리다
브라보! 할렐루야!! ……

희망, 위로의 열매

오- 어이 할꼬!
마음은 늘 무엇엔가 쫓기고
불시에 불안과 두려움으로
안절부절 전전긍긍……
(아, 이건 아닌데…)

이때 어디선가 다정한 속삭임
〈너무 걱정 마! 동트기 전이 가장 어둡대.〉

오호라! 후우- ……
마음에 어둠이 스르르 걷히고
입이 옆으로 길게 찢어진다.
아무렴 아무렴!

그래.
맞아.
이제 곧 동이 트겠지
날이 밝아 오겠지
…… 밝아 오겠지

나는 나

사람들은 슬프면 무작정 운다.
더더욱 억울한 슬픔이면
가슴을 풀어헤치고 쾅쾅 치며 악을 악을 쓴다.

사람들은 아프면 운다.
견디기 힘들어서도
그 고통을 잊기 위해서도 우는 게 상책이다.

그러나 나는 그럴 땐 울지 않는다.
민망하고 난처하다.
어머니가 돌아가셨을 때였다.
어느 익살쟁이 할머니가
〈너 딸 맞아?
야! 남들이 보니 우는 시늉이라도 좀 해라.〉
나는 그냥 눈을 감아버렸다.
하마터면 깔깔거릴 뻔했다.

그런데 아마 나처럼 잘 우는 사람도 드물 것이다.
걸핏하면 눈이 흥건해진다.
여차하면 주르륵 흘러내린다.
전혀 소리가 없다.

주로 깨물고 싶도록 기특하고 착한 사람 앞에서
남을 위해 제 몸 돌보지 않고 불구덩이에라도
뛰어드는 것을 보며
천신만고 끝에 〈사필귀정〉의 좋은 결과에
손바닥 터져라 박수쳐 놓고 손은 눈을 더듬는다.

나는 정녕 바보인가 독종인가?
그야 남이 뭐라건 무방하다.
나는 그냥 내가, 네가 아니어서 좋다.

긴급동의

무료하고 울적해서 TV를 켠다.
우욱-
에이, 또 그놈의 소리.
도대체 그때가 언젠데 아직도 그 타령이야.

하필이면 어디서 그리 악독한 놈들을
잘도 찾아내서
훔치고, 뺏고, 죽이고……
그 방법까지 착실히 배우게 한다.
자고 새면 허구한 날, 달이 바뀌어도
어쩌자고 그다지도 한결같이 짖어대니
세상이 이리 만성이 돼서 악에 담대할밖에.

제발 신문·방송들 긴급동의요!!
해결책은 간단한데요.
대신 날마다 착하고 곱고 기특한 미담으로 채워줬으면.
스스로가 부끄러워 쥐구멍이라도 찾을 만큼
미담으로 또 미담으로.

악하고 게으른 종아

모 잡지사 기자가 나더러
후진들에게 전해주고 싶은 말들을 정리해 두란다.
〈뭐? 전해주고 싶은?〉
하고픈… 해주고픈… 왠지 그 말이 자꾸 귀에 걸린다.
그려, 하긴 자그마치 한 세기토록이나 살았으니 그리 나올 만하지.

그런데 어쩌나. 민망해라.
해줄 말이 많을 만큼 그리 충실하게 잘 살지도 못했으니.
글쎄…… 새삼 그 많은 날들을 어쩌자고
그리 허망하게 보내고 말았을꼬!

또 시작이다. 안 봐도 비디오지.
내가 읊어줄까.
허구한 날 화려한 모습들이 부러워
침만 흘렸지.
억울해, 원통해,

누구, 무엇 탓이라고 악을 악을 쓰며.
허어! 핑계도 많아라.

악하고 게으른 종아!
그래도 타이틀이 고정돼 있으니 천만다행이네.
아무렴! 자신이 누구란 걸 아는 게
그게 어딘데.

그만! 내가 할 거야.
해주고픈 말?
있고말고!!
내가 아니면 그 누구도 흉내도 내지 못할
천하의 명언이 있쟈.

〈너흰 부디… 제발……
나처럼은 살지 말거라. 잉?〉

사랑은, 희망은

심술처럼
사람의 마음을 헤집는 노랫가락이
여지없이 날 무너뜨린다.

사랑을 보신 일 있으시나요
희망을 보신 일 있으시나요

시끄러!!

나는 악을 쓴다.
그래, 사랑은 희망은 너만 아는겨?
우리도 다 안다구.
안 그러면 지금껏 어떻게 살아 있게.

사랑, 희망은 타령이 아냐.
곱게 아끼며 안으며 어루만지는 거야,
나를 소중하게 지켜주는 수호신이니까.

사랑을 보신 일 있으시나요
희망을 보신 일 있으시나요

그래, 어디 네가 알뜰하게 한번 보살펴 줘봐요.
비로소 넌 큰 복을 받을 거야.

그러게, 누가 손핼까

걸핏하면 지정곡.
아이고 머리야!
허리 아파 죽겠다
다리 좀 주물러라

왜 이리 어지럽냐
눈 귀가 점점 어두워지는구나
어제는 **아파** 속 썩이더니
오늘은 **어**지럼이네

아들이 한껏 걱정된다는 양
아버지 **어**머니 아, 어 다 빼버릴까?

그야 좋을 대로!
우리도 그냥
아범 **어**멈 다 빼버렸음 편하겠다.
그렇게 하자.

호! 누가 아쉬운데.
우리 아니면 꼼짝도 못 하실 거면서.

형! 느이 아니라도 그 돈이면
열 배나 더 잘해줄 사람
지천으로 널렸다야.
계산 잘혀.

계산, 계산……
그러니까 우린 모두
계산 맞춰 살고 있는 건가.

너와 나의 소망

네가 1등 하고
내가 2등 했을 때
세상이 온통 노오랗게 빙빙 돌았지.

내가 1등 하고
네가 2등 했는데도
넌 여전히 깔깔거리고 신나는구나.

속이 없어설까
사람이 좋아설까
자신이 있어설까

너의 그 포근함과 넉넉함에
점점 초라해지는 자신을 가눌 길 없어
나 이렇게 움츠려 떤다.

그런데 언제부턴가 나도 모르게 난 네가 좋아졌어.
친구야! 그냥 날 네 곁에만 있게 해줘.
너의 그 슬기로움과 따스함 곁에.

1등은 다 너 가져. 몽땅 가져.
나도 네게 뭔가 보여줄 수 있을 때까지
부디 기다려줘.

우린 하늘이 내리신 천분의 친구야.
우리로 주위가 조금이라도 바뀔 수 있도록
하늘을 우러러 한번 살아보자꾸나.

길고 짧은 것은

나 낳으시고
유난히 이쁘다고 잔치 벌이셨다죠
사람은 얼굴 뜯어먹고 산다는 것도 헛소리.

나 학교 다닐 때
2등 한 번 해본 적 없는 자식 자랑에
날 새는 줄 몰라

그런데 오늘 어쩌자고 이 모양 이 꼴에
몸 둘 바 모르니
세상사 공식대로 되는 게 아니었네.

그래도 그 입에서
무자식 상팔자 소리 아직 안 나왔으니
죄송하고 감사해라

조금만 더 기다려 보자구요.
길고 짧은 것은 대봐야 안대요.
차라리 손자 놈이라도 해내주면 그 아니 좋으리오!

누가 누가 잘하나

사람 앞에선
교양이란 단어를 높이높이 쳐들면서
당신 앞에만 서면 저는 왜
버릇이 없어진대요.

염치 불고하고
힘들다 어렵다 징징거리고
끝도 한도 없이
이것 줍쇼 저것 줍쇼 뭐 하는 짓이래요.

언제 맡겨 뒀나
당연하게
당당하게
무슨 권리냐구요.

누군 비웃어요.
구하기 전에

이미 있어야 할 것을 아시는 분께
백번 천번 똑같은 소리라니
하나님 바보냐
그게 기도냐

노- 노-
우리 하나님 아버진
없는 것이 없는 부자시고
못 할 것이 없는 전능자시며
날 너무너무 예뻐하시니
나야 그냥 아양 떠는 거지

그래도 허물치 아니하시는 내 아버질
비난하지 마
우리 아버진 너희 아버지완 달라
그래 너 아무리 청산유수로 기도 잘하고
믿음이 좋아도

넌 네 식대로 하렴
난 내 식대로 할 거야

너 그거 모르지
너 기도할 때 말이 너무 많아
네 하나님 너 기도할 때마다
졸으시더라

가장 좋은 길은

내가 짐짓 네게 가까이하지 않음은
내가 널 좋아하기 때문이야.

내가 한사코 널 멀리서 맴도는 건
네가 날 좋아한다는 걸 알기 때문이야.

아무리 나 무식투성이지만
누구보다 나 자신은 너무 잘 알아.

우리가 함께 뒹굴면
금세 산통이 다 깨질 것은 불을 보듯 뻔해.
이 좋은 뜻, 길이 간직하도록
우리 이리 그냥저냥 그럭저럭 지내자꾸나.

믿기에

울며 태어나서
울다가 울다가
울며 돌아가는 인생.

그런데 보내는 자는 또 왜 그리 우노.
아참! 저들은 시방 울며 사는 중이었쟈.
우는 게 곧 인생이니까.

그러나 비록 울며 왔을지라도
웃으며 사는 세상 만들려고
힘쓰고 애쓰는 사람이 조옴 많은가.

옳아! 세상이 그리 바뀔 수도 있다는 걸
그러자고 제가 왔다는 걸
모르는 사람이 또 너무 많아요.

그래요. 오늘도 내일도
부디 고개를 들고 우러러
저 높이높이 하늘을 뚫어요.

당신은 정녕코
기쁨으로 살다가 웃으며 돌아갈 거야.
그러자고 왔다는 걸 일구월심 꼭 믿어요. 믿어요.

나도 처음엔 몰랐는데 배웠거든.
이렇듯 아름다운 꿈이
영원히 찬란하게 빛날 거야.

우리 가는 날

한평생
어쩌면 이다지도 지지리도 초라하게
도대체 난 뭘 바라고 살았을까.

이제야 보이다니
찌푸린 하늘도 화사한 햇살도
아, 너희가 사랑하는 내 친구였던 걸 몰랐었구나.

난 그저 너희의 그 희비쌍곡선에 장단 맞춰
날마다 웃고 울다 여기까지 흘러온 것을
고맙다 친구야 날 홀로 두지 않아서

천상천하에 유아독존
외롭다 괴롭다 징징거리면서도
너희가 있어 견딜 수 있었다니

친구야 고맙다 고맙다
내 이토록 당당하게
감히 호언할 수 있어서

살다 보니 천만다행으로
세상엔 분명한 내 몫의 해야 할 일이 있었고
그 일 기대해주는 좋은 사람들도 있었지

사람은 누구나 저를 위해 사는 것 같아도
그렇지가 않아요
꼭 내 뜻이 아니라도
모두 그냥 살아야 하니까 사는 거야.

지금 나 비록 이리 하찮은 미물이지만
누구나 정작 제가 누구인지 아무도 몰라.
그날, 내 가는 그날 아마 알게 될까.

천지가 진동할 팡파르 울리지 않아도
그날- 아릿한 천사의 미소가 날 맞아준다면
아- 나도 썩 괜찮은 존재인 거야, 그지?

우리 지금부터
금의환향하는 그날까지
부디 이대로 힘쓰고 애쓰고 기도하자꾸나.

더 큰 감사

산비탈에 썩 보암직한 곧은 나무가 나둥그러져 있었다.
그는 악을 쓰며 울부짖었다.
제가 왜 저런 더러운 도벌꾼에게 베어져야 했느냐고.
그동안 제가 얼마나 꿈이 창창했고 모질게 고생했는지 아느냐.
그래, 눈으로 보면 제가 땔감이 아니란 걸 모르겠느냐며 도벌꾼을 저주했다.
참으로 딱했다.

나는 한숨을 쉬었다.
아마도 내가 지금 여기 왜 있어야 했는지 번쩍했다.
어이, 친구! 나도 그렇다네.
온 천하가 나를 천재라 칭송해서
나는 다르겠거니 믿고
그다지도 모진 고통 감내하며 여기까지 왔는데
오늘 꼬라지 이리 알량하자고 그 고생이었네 그려.

그러나 친구!
대부분의 인생이 그렇다네.
만사 어디 엿장수 맘대로던가.
어차피 판은 깨졌으니
우리가 생각을 바꾸세나.
비록 땔감으로 추위에 떠는 자를
따뜻이 뎁혀주는 것으로 감사하면
혹시 제대로 축복이 기다리지 않을까?

그는 고까운 눈으로 나를 흘겼지만
그 곁의 B가 정답게 화답했다.
아, 맞아요. 고맙습니다.
어떻게든 쓰여지잖아요.
그것이 우리의 사명이라면,
사명은 내가 정하는 게 아니라대요.

오! 참 은혜가 거기 있었네.
옳아. 네가, 내가, 거목이라고 누가 보장했던가.
어차피 누구도 결과는 내 몫이 아닌데야.
어떻게든 쓰여졌으니 무조건 감사 감사!!

하나님이 찾으시는 사람

살다 보니
신세 진 사람 수만 늘어 간다.

1번…… 2번……

이름 적다 문득
〈하나님! 이 고마운 분들 갚아주세요….〉

또 예수쟁이들 욕먹겠다.
제가 진 빚을 누구더러 갚아달래.

맞다. 맞아요.
그러나 무슨 상관?
날 통해 갚지 널 통해 갚진 않으실 테니
염려 놓으셔.
하나님은 그런 고마운 사람만 찾고 계신다는 걸
네가 어찌 알아.

내가 굳이 부탁 안 드려도
먼저 갚아주실 거야.

사랑합니다 아버지

당신이 내게
사랑하는 딸아, 하신 그날부터
난 오직
한 단어밖에 모릅니다.
〈사랑합니다 아버지〉

나는 아무 말도 모릅니다.
더 알아야 할 게 뭐 있나요.

아, 어차피 난 이거밖에 안 됩니다.
더 이상 아무것도 기대하지 마세요.

칭찬이 넘치는 사람들
그 사람들 곁에 날 세우지 마세요.

난 바보, 멍텅구리, 찌질이……
난 훌륭한 좋은 말들을 모릅니다.

오늘도 해는 뜨고 지고
바람이 불고
그날이 그날
다른 게 뭔데
다른 무슨 말이 필요한데요.

〈사랑합니다 아버지〉
영원히 여전할 겁니다.

좋은 사람들끼리

세상엔 까칠한 듯하면서도
좋은 사람이 있는가 하면
좋은 듯하면서도
별로인 사람이 많은 것 같다.

흔히 두고 쓰는 문자
다 나 좋으면 좋은 거지
누구 탓이라니.

맞아, 다 내 탓이거니
내가 좀 더 따뜻하고 너그러우면
다 좋겠쟈.

그런데 내겐 어쩌자고 한평생
오오랜 소원이 있었으니
긴장하지 않고 그냥 편히
좋은 사람끼리 사는 세상이었으면……

철딱서니! 그게 싫은 이가 누구우게
시방 네 곁엣사람 다 좋은 사람이거니
네가 그만 까슬한 거 풀고
두루두루 사랑해봐.

사람들이 널 얼마나 사랑할까
세상은 네 소원대로 낙원이 될 거야.
하모! 하모! ……

사람은 외로워서 죽는다

사람은 괴로워서 죽는다
어째 이리 세상이
복잡하고 다단할까

사람은 아파서 죽는다
죽도록 아프고
또 아프니까

사람은 결국 외로워서 죽는다
난 세상에 관심할 일이 그다지도 많았는데
세상은 내게 어찌 이다지 무심할까

괴로움은 잊을 수도
아픔은 참을 수도 있으련만
외로움은 너무너무 무섭다

마땅히

누가 내게
어떻게 살고 싶으냐 묻는다면
수수하게, 조촐하게 살고 싶다 말하겠어요.
화려하고 근사하려 설치다가
비웃음거리가 되는 것보다야 낫잖아요.

누가 내게
뭐가 되겠느냐 묻는다면
계속 그냥 조용히 살겠노라 말하겠어요.
내놓을 것도 없으면서 요란 떨다
그나마 체면 구기는 것보다야 낫잖아요.

누가 내게
뭐하고 싶으냐 묻는다면
배운 게 도둑인데 따로 할 게 없으니
이제 남의 얇은 지갑 잡히면 좀 보태줄까
그동안 많이 털었잖아요.

심는 자

세상엔 사랑을 줄 수 없을 만큼 가난한 자도 없고
사랑을 받지 않아도 될 만큼 부요한 자도 없으니
누구나 사랑은 줄 수 있고
누구나 사랑은 받아야 하네
이 사랑만 서로 잘 주고 잘 받으면
그것이 바로 성공
그것이 바로 다 이루는 것 다 이루는 것-
제아무리 많은 것 쌓아두고 화려함을 자랑해도
제대로 사랑하지도,
한 번도 은혜 입히지도 못했다면
천하에 가장 불쌍한 자 가련한 자
그런 사람 무덤엔 풀도 안 난다지

사람이 부자인 채로 죽는 것은 부끄러운 일이라고-
박수우!!
물론 부자로 사는 것도 부끄러운 일이지만
그러나

부자로 사는 동안은 선한 일 많이 할 거라 기대하며 봐주는 건데
저만 호의호식하다가 그냥 홀딱 죽어버리다니
만 번 부끄러운 일이고말고

하나님이 사람에게 은혜를 넘치게 하심은
사람으로 모든 것이 넉넉하여
모든 착한 일을 넘치게 하려 하심이라-
세상에 온전한 내 것이 어디 있길래…

이따금씩 문득 생각날 때마다
뭉클한 그리움으로 눈물 핑 돌게 한 사람
반드시 찾고 찾아서
무심하게 흘려버린 세월을 꼭 사죄받고 싶은
고마운 사람
그가 가장 복된 자
최후의 승리자
최고의 승리자-

인생은 가위바위보

자식 사랑은 가위바위보
형이 아우보다 낫길 바라는 건
아우가 형보다 못하라는 게 아니지
아우가 형보다 나았으면 싶은 게 어디
형이 아무보다 못했으면 싶어서랴
얘는 쟤보다 낫고
쟤는 얘보다 낫고
자식사랑은 가위바위보
계속 그렇게 걔는 개보다 나아야지

인생은 가위바위보
실패자가 따로 없네
비록 내가 너에겐 졌어도
너를 이긴 그를 이길 수 있으니
어찌 우열을 가늠하랴
그래서 세상은 살맛이 나지
한 번 졌다고 주저앉지 마소

인생은 가위바위보
길고 짧은 것은 대봐야 안다네

바보예찬

비록
가락도 장단도
아우름이 없어도
아픔과 슬픔이 있어
차라리 질기디질긴
모진 목숨으로 부르는
아름다운 노래여라
비록
누구의 부러움을 받아본 적은 없어도
누구의 원망을 받을 일도 없어
먹으나 누우나 건드릴 자 없는
천지에 무불통과
마냥 즐겁고 평안하구나
복을 받기만 원하지 받은 복을 누릴 줄도 모르는
스스로를 얽는 누에 같은 어리석은 인생아
그만저만 제 대가리 쥐어뜯고
부디 저 무던한 바보의 여유를 배우게나

헛되고 헛되고 헛된 것을 위해 목숨 걸지도 않고
양식 아닌 것을 위해 은을 달아주지도 않는
참 지혜자 참 스승일세

어느 시한부 인생의 죽음을 보며

피곤하고 지친 긴 여행에서
돌아갈 본향 차표 끊어놓고
왜 설레이며 손꼽아 기다리지 못하고
왜 잘 가라고 손 흔들어 배웅하지 못할까
아무리 미련이 크고 아쉬움이 많아도
우리 모두 다 갈 건데
만나는 거야 어디선들 어떠랴
밀물처럼 회한이 밀려오면
표 끊은 날부터라도 잘해주면 되지
그래도 늦지 않네
결코 짧지 않네
노래처럼 그림처럼 살아볼 기회 왔거늘……

주 안에서 죽는 자는 복이 있나니
저가 수고를 그치고 쉼이라
슬퍼할 이유 전혀 없네
악하고 추한 것이 따라가지 못하는

죽음은 시요 죽음은 노래
차라리 죽음이 아름다움이기에
우리는 그 뒤의 소망을 보네
그 어떤 잘못도 품어주고
그 어떤 허물도 덮어주는
죽음은 그래서 고된 인생의 호사스런 마지막 잔치
맺힌 것 있거든 다 풀고 가소
아쉬움도 미련도 다 털고 가소
못다 한 일일랑 남은 자가 맡을지니
그러자고 종족이 보존되게 하셨다네

자존심 I

어느 날
그가 날 앞질렀을 때
화닥닥 내 자존심이 눈 똥그래 놀랐지
점점 그와의 거리가 벌어져 간다고 느꼈을 때
내 자존심은 그여 울상이 되고
이내 내가
그를 영 따라잡을 수 없겠다 싶어지니
그냥 온몸에 맥이 쪼옥 빠지겠지

이런이라니!
문득 내가 그를 배 아파하고 있구나 깨달았을 때
난 그 자리에 질펀히 주저앉아 그만 통곡하고 말았다네
그것은 결코
앞서가는 그의 화려한 뒷모습을 바라봐야 하는
눈꼴 시린 아픔-
그런 것이 아니었어
끔찍해라

그것은 정말 주체할 수 없는 자기환멸의 통곡이었네
원수가 주리거든 먹이고 벗었을 때 입힌다는
영원히 내가 사랑할 나의 참 자존심의 오열……

자존심 II

가끔 전철을 타고 높은 층계를 헐떡이며 오르고 나오면
영락없이 누구에겐지 모를 부아가 끓어오른다.
(이게 무슨 청승 꼬라지람!)
그러면 어김없이
"그러니까 모범택시 불러 다니시라니까요."
신신당부하던 아들의 말이 나의 짜증에 제동을 건다.
(흥, 말이사…)
물론 나의 심술의 출처는 자명하다.
이상하게 나는 끙끙거리며 힘들 때마다
별 할 일도 없이 쌩쌩 차 몰고 다니는 며느리 모습이 떠올라
꼭 기분을 잡친다.
아무래도 이것도 병임에 틀림없을라.
그렇다고 막상 그걸 인정하자니 왠지 또 억울하다.
그렇다 백 번을 곱접어 봐도 그건 아니다.
즈이는 뭐든지 쉽게, 편히, 풍족하게 살아야 할 것처럼
당연시하는 요즘 애들이 만 번 지나친 것이다.
(뭐, 시대가 변해? 흐응 천만에!)

쓸쓸이야 형편에 따를 뿐
사람이 사람으로 있는 한
사람의 본질이 어느 시대라고 어찌 다를 수가 있단 말인가.
해답이 이리 빤하고 보니 나의 투정은 꼬리를 문다.
(요즘 애들이라고 어디 다 그러냐? 내가 인복이 없는 거지….)

가만!
한창 들끓던 가마 속이 문득 멈칫 한다.
그래, 설사 아무리 다 내 쪽이 지당하시다손 치더라도
(나도 별수 없는 고약한 시어미에 지나지 않았구나.)
그만 자존심을 건드리고 만 것이다.
(아, 그건 아닌데… 아니어야 하는데…)
(아니긴, 영락없잖아!)
(아냐, 가만있자, 어디 다시… 맞춰… 보자구….)
그랬다. 자존심은 본능적으로 자기방어의 비결을 알고 있었다.
그래서 고맙게도
고약을 떤 만큼 괴로워하고 있는 스스로를 구해낸 것이다.

오! 급기야 난 그 지루한 갈등에서 해방되었다.
세상에 이렇듯 기분 좋은 투항도 있었다니…….

난 두 손을 들었다.
내 며느리가 나와 같지 말아야 할 것은
아니 나 같을 필요가 없는 것은
단순히 그저 시대가 변했다는 이유 때문만이 결코 아니었다.
그는 적어도
나보다 좋은 부모 밑에서 고이 자랐고
나와 비교할 바 없는 좋은 조건의 남편
곧 내 아들을 만났으며
무엇보다 나 같은 시어미라도 있잖은가 말이다.
그래, 나 같은 시어미라도 있는데야…
그것은 정말 엄청난 차이였다.
누구도 흔들 수 없는
그것은 그의 절대 분복이었다.

악아!
부디 넌
너의 분복을 길이 누리며 살거라 엉?

빈천다남 貧賤多男

이름도 성도 모르는 어머니께
꼭 챔피언 벨트를 바치겠다고
30년이나 지난 오늘도
백방으로 헤매며 수소문하는
어느 해외 입양아의 뉴스가 내 가슴을 친다.
그렇구나!
나도 놈들을 아예 어렸을 때
차라리 무자한 이에게 적선이나 했더면
지금쯤 그리움에 울며불며
엄마 찾아 삼만리를 누비지나 않았을까.

에미가 콩으로 메주를 쑨다면
케케묵은 유성기판 돌린다고 모가지 외로 꼬면서
제 아낙이 팥으로 메주를 쑨다 해도
옳소- 박수치는 등신이 바로 내 아들이라니
뭐, 부귀다남? 흐응-
아들 낳았다고 잔치 벌인지가 언젠데

세상이 어찌 이리 요상하게 돌아가는지
그러게 내 아무래도 아들이 너무 많다 싶었지비
기른 공은 서 푼도 없는데
낳은 죄만 끝 간 데 없으니…

딸이 없으니 비행기 한 번 타보긴 애저녁에 글렀고
세상 참 공평도 해라.
잔치 잦았던 죄가 이리 울음보를 쥐어짤 줄이야.
아들이 무슨 일을 하는지도 모르는 에미하고
사위 부수입이 얼만지까지 꿰고 있는 장모하곤
애시당초 게임이 안 되지.
오- 네로의 눈물단지를 가져오거라.
내가 두고두고
오고 오는 세대에 전하리라.
아들을 낳거들랑 모조리 입양시켜 버리라고-.

부자무친 父子無親

옛날에야 부모 말이 법이었지만
부엌에 들어가면 며느리 말이 옳고
안방에 들어가면 시어미 말이 옳다는 것도 옛말
무조건 며느님 말씀이 지당하시지만
시어미 말도 그리 틀리지 않다는
황희 정승이라도 불러오고픈 요즘 노친네들.
아무리 '부모는 하늘'이란 유교가 퇴출당했기로
그래도 '하나님 다음이 부모'인 기독교가
아직 승승한데
어쩌자고 매번 자식 이긴 부모는 없노.

아웅다웅하다가 급기야 머릿속이 수세미가 되어
도무지 더는 견딜 수 없이 혼미해진다.
-소리
"정신 차려! 심호흡! 크게, 더 크게!
이거 보라구, 만일 자네가 지금 비행기 사고로
아프리카 밀림 속에 던져졌대도

과연 이 문제로 이리 심각하게 될까?"

그래, 그렇지.
한마디로 이건 고심해야 될
하등의 값어치도 없고말고.
피 말리고 목숨 걸 이유는 더더욱-.
그러니 그냥 신경을 꺼버리면 되겠네.
내게도 남은 인생이 소중하니까(?).
결국 살아남는 길은 곧
나도 따라 변히는 거야.

김치 담가
아파트 경비실에 맡겨놓고 가는 시어미는
2등 시어미랬지.
만약에 내가 있는 듯 없는 듯 조용히 있어 주는
1등 시어미가 되어준다면
만사 여러 골이 편해질래나.

옳거니!
포기하는 것도 확실하게 이기는 방법이었네.

동병상련의 친구에게 같은 충고 한마디.

이보게들!
우린 시방 아프리카 밀림 속에 떨어졌다니
에미애비 갖다 버린 자식 이름 안 대려고
입 앙다물고 치매노인 시늉하는
부모한테의 자식은 의구하지만
요즘 자식에게 부모는 개보다 쬐끔 낫대나
개는 집만 봐주지만
부모는 애까지 봐주거든
그러니 아서게!
누굴 고치려고 애쓰지도 기대하지도 말라구
공연히 귀한 인생 더는 소모하지 말세나
사람은 다 그냥 저 생긴 대로 사는 거라네

그리 상심할 것 없느니
상놈은 그저 세월이 선생이여

원더풀 빚잔치

불가능이라곤 없어 보이던 모 재벌 총수가
제힘으로 안 되는 일 세 가지 중
그 첫째가 자식 문제라 했다던가.
나도 놈들이 어렸을 땐 싹이 괜찮아 보여서
앞날에 희망을 거는 이유 중 그 첫째가
자식들이었는데
어쩌다가 이리 새벽 호랑이 신세가 돼버렸는지…
새벽 호랑이 얘기.
땅거미가 지자 호랑이는
혀끝에 감도는 침을 꿀꺽 삼키며
맛있는 먹거리 생각에 잔뜩 부풀었겠다.
어슬렁어슬렁 산등성이를 내려오며 부르는 콧노래.
"고운 색시나 큰애기나… 고운 색시나 큰애기나…."
그런데 어찌 된 게 그날따라 자정이 다 되도록
마땅한 먹잇감이 걸려들질 않았다.
이경이 지나도 재수는 마찬가지.
안 되겠다. 목표를 낮출 수밖에.

"과부나 아지매나… 과부나 아지매나….."
삼경, 사경이 지났다.
"할미나 곰보라도… 할미나 빡보라도….."
드디어 먼동이 터온다. 이거 큰일 났다.
자칫하다간 되려 제가 위험했다.
급했다. 할 수 없이
"쥐나 개나… 쥐나 개나… 쥐나 개나….."

자식들에 대한 나의 기대가
그 꼴이 돼버렸단 얘기다.
이제 기준이나 목표 같은 것도 아예 없다.
도무지 딴 나라 사람들만 같다.
"흥, 잘났어. 언제부터….."
하긴 내게도 문제는 있다.
그동안 흐른 세월이 얼만데
여전히 물가에 둔 애기만 같으니 원-
뭐 자식은 전생에 빚쟁이였다던가.

이건 고리채도 보통 고리채가 아니다.
누구 하나
제 식구 명단에 날 끼워주는 놈도 없는데
입에 들어가는 것이면 무조건 봉다리봉다리 나누는
난 정말 대책 없는 영원한 채무자런가.

자식 쓸데없다는 말이 유례없이 기성한 때이지만
별스레도 자식만은 포기할 수 없는 것이 부모다.
역시 찾고 찾는 이에게 길은 있었다.
그것은 부모가 조금만 더 세련되어지는 것이다.
지난 어버이날에 미국 손주놈 이름으로 날아온
카드 표지에 씌어 있는 영문이
내게 그것을 가르쳐주었다.
〈For our wonderful grandmother!〉
나는 그곳 정서상의 정확한 원문의 뜻은 잘 모른다.
큰 어머니인지 위대한 어머니인지 할머니인지
어쨌든 좌우지간 원더풀한 그 '머니'가 될 수만 있다면야 오죽이나 좋으랴!
그렇다. 월더풀머니답게
자식들에게 다시 새로운 기대를 걸자.
고운 색시나 큰애기가 무색할
사도 요한처럼 아주아주 멋진 기대를!
내 자녀들이
진리 안에서 행한다 함을 듣는 것보다
더 즐거움이 없도다. (요한3서 1:4)

제발,
부디,
기필코,
저들이 이것만은 꼭 부응해주길
남은 생을 걸고 기도하리라.
과연 영원한 채무자의
참으로 원더풀한 빚잔치여라.

껍질을 깨고 I

주님은 나로 천사가 되라 하네
억울할수록
못마땅할수록 더욱
그냥 허허-
싱글벙글-
"미안합니다"
"고맙습니다"
"그럴 수도 있지 뭐"

당연히 그 말씀 귓등으로 흘리고
자로 재고 저울로 달다가
아얏!
오우, 노-
30배 60배 100배의 새 등식을 배웠구랴
바둥거릴수록 조여지는 수갑 같은 이치

죽고자 하면 살 것이요…
그래, 살아야지
살아야지
길은 한 가지
자, 천사표를 붙이자
난 천사야
날 때부터 천사야
"미안합니다"
"고맙습니다"
"그럴 수도 있지 뭐"

껍질을 깨고 II

너는 작아서
귀엽고 아담하고 알뜰해서 좋구나
너는 커서
시원하고 훤칠하고 넉넉해서 좋구나
너는 급해서
솔직하고 분명하고 화끈해서 좋고
너는 느려서
차분하고 조신하고 안전해서 좋구나

삼삼해서 맛있고
간간해서 맛있고
달큰하고 매콤하고 감사할 것뿐인데
어쩌자고 아등바등 지지고 볶고 살았을까
양력설엔 음력설 쇤다 하고
음력설엔 양력설 쇘다 하면 될 것을…

양심

누가 내 흉을 보나봐
왼 귀가 가려운 것이
검문검색
스쳐가는 얼굴 얼굴…
왜 하필 나냐고 부라리는 왕방울 앞에 움찔-
(흥, 분명 저들에게 흉잡힐 짓을 한 게 틀림없으렸다!)

이번엔 오른 귀가 가려워
갑자기 온 세상이 환해지고
고무풍선 되어 붕- 뜬다
흥, 두껍기도 해라
언감생심
(언제 무슨 좋은 일을 했다고 칭찬을…?)

하나님은 무엇을 기다리고 계시나

사람들은 슬퍼서 운다
괴로워서 울고 또 운다
그렇다고 많이 우는 사람이 그만큼 더 슬픈 것도 아니며
눈물 보이지 않는다고 괴롬을 몰라서도 아니다
고통을 눈물로 보일 수 있을 때는 그래도 행복하다
여리고 약한 정감을 나타낼 수 있다는 건
아직 불행에 덜 찌들었다는 증거
울다울다 지쳐보라지
억울하고 분해서 악을 악을 쓰며
펄펄 뛰고 몸부림쳐 보라지
그것들에 익숙해지면
사람이 어지간히 거칠어지기도 하지만
그러나 의외로 아주 조용하고
차라리 의연해지기도 하는 것을…

너무 외로워서, 불행해서
타락할 수밖에 없었노라고?

그럴 수도 있겠다 싶어 눈물 한 방울 보태주면 위로가 되랴
그러나 아서라구
그다지도 큰 불행이라면 그리 쉽게 내뱉을 순 없지
그래선 안 되잖아

하긴, 요즘처럼 인간이 인간이기를 포기한 끔찍한 세태에야
어쩌면 자네의 그 이유는 만 번 귀여운 이유일 수도 있겠쟈
그런데 어쩐다지
누구는, 고독이여 너만이 나를 타락시키지 않았다-고 했느니
진짜로 고독이 뭔지 불행이 뭔지 맛을 아는 사람은
결코 평계하질 않아
참으로 모진 설움과 아픔에 맞서 싸우자면 그럴 순 없지
아무렴, 그리 쉽게 평계 뒤에 숨어버릴 순 없고말고

이보게나
주께서 인생으로 고생하며 근심케 하심이 본심이 아니시라네
고독이여 불행이여

너만이 끝내 나를 구원으로 인도하였느니라-고
우리 모두 그리해주길 오늘도 기다리고 계신다네
사람들은 외로워라 괴로워라 못 견뎌 징징거리지만
불행이 인간을 얼마나 아름답게 만드는지 난 알아
사람이 꽃보다 아름답다고?
그려, 개중에도
불행을 승화시킨 인간보다 더 아름다운 건
세상에 다시 없느니 없느니…

2부

새해 첫날에

이 한 해
시시때때로
늘 기뻐하며 살게 하소서

이 한 해
붙이신 양들과 더불어
서로 사랑하며 살게 하소서

이 한 해
돌보라 명하신 양들에게
참 감사를 수범(垂範)하며 살게 하소서

이 한 해
하나님이 나의 아버지이심을
만방에 자랑하며 살게 하소서
                           아멘!

어머니

어머니
바람결만 스쳐도
가슴 뭉클하고 콧날 시큰해지는 이름
웅크린 가슴이 갑자기 느슨하게 풀리며
훈훈한 열기로 감싸오는 이름

어머니
아무리 목사님이 눈 부릅뜨고 호통을 쳐도 철벽이었는데
스스로 내가 죄인임을 흐느끼며 고백하게 하는 이름
아- 세상에 그 이름만큼 위력을 지닌 신비한 단어가 또 있을까

어머니
천하를 준다 해도 바꿀 수 없는
모두를 다 빼앗기고도 저 무인도에서
단둘이 살 수만 있다면 감사 만만일 이름
이렇듯 서럽고 서운한 자식들인데
그분은 왜 내게 단 한 번도 그런 몸짓을 보인 적이 없으셨을까

골백번 사랑한다고 고백하는 남편도
천사표 달고 있는 자식들이라도
항상 저만 위해줘야 좋다는데
세상에 단 하나 미더운 이름
눈치를 살필 것도 조심할 것도 걱정할 것도 없는
감출 것도 덮을 것도 변명할 것도 없는
언제나 나의 모든 필요가 되어주던
도깨비방망이 같은 이름 어머니

〈주고 주고 또 주고 주기만 하다 간 여인〉
묘비에 새겨드린 단 한 줄의 헌사가
나의 유일한 보답이었음에도
오늘도 저 하늘에서 미소 짓고 계실 이름 어머니

그 이름 내 곁을 떠나고
울고울고 울다가 이제야 겨우
난 다른 한 이름을 찾아 붙드네

나의 모든 것의 모든 것
알라딘의 램프 어머니 예수…

허무, 그리고 소망

하루 이십사 시간
한 달 서른 날
일 년 삼백육십오 일이면 그게 얼만데
전화는 벨소리 한 번 울리지 않는 먹통
걸핏하면 몇천만 대이동이네 귀성소동이 벌어져도
그 금쪽같던 5남매는 다 어찌 됐길래
안마당엔 흔해 빠진 티코 하나 서는 일 없고
자식새끼 키우느라 휘고휜 허리는
낙타 등이 됐구랴

제 일인 양 공연히 열받은 이웃사촌-
"저놈의 집 자식들은 몽땅 벼락이라도 맞은겨?"
"형제 우애차 꽘 비행기라도 탔던겨?"
참으로 모르는 건 사람 팔자
그래도 소싯적엔 다복하다고 부러워들 했을라

열 효자보다 더 나은 악처 하나?
먼저 간 복 있는 영감이 소리치네
할멈! 그저 내 할 일 했거니
뒤돌아보질랑 말고
그냥 앞만 보고 싸게싸게 오소
팔 벌리고 반갑게 맞아주실 이 계시다네
그분이 다 눈물 씻어주실껴

나는 야명조 夜鳴鳥

히말라야 설산에
게을러터진 호한(呼寒)새가 살았대요.
저녁이면 추위에 떨며
내일은 반드시 집을 지으리라 다짐하건만
낮이 오면 까맣게 잊고
따사론 햇살에 취해 뒹굴다가
밤이면 다시 내일은 꼭 집을 짓고야 말겠다고
울며불며 다짐하는……

악하고 게으른 종아!

기도만이 살길이란 걸 모르지 않으면서도
이 사람 저 사람 도움 찾아 주야로 헤매는
나는 천하에 어리석은 야명조

66권 달달 꿰고
모르는 것 없으면서
철야, 금식, 산 기도……
어이하여 그 단어가 내겐 그다지도 생소한가
나는 부끄러움을 모르는 한심한 야명조

그래,
무조건 하늘을 향하여 무릎을 꿇자
내 이름은 호한새
이제 야명조는 가라!
춥다고 손 호호- 불지 말고
차라리 열심히 호호 불어
기어코 추위를 몰아내리니
자, 내일이 아니라 오늘
바로 지금 당장 집을 짓는 거야.
집을 짓는 거야.

너로 결코 수치를 당치 않게 하리라 약속하신
주님! 부디 새 힘을 회복시키소서
이제 야명조는 가라! 가라!!
정녕코, 기필코,
나 주님의 기쁨이 되리. 할렐루야……

숨바꼭질

언제부터였을까
내 희망 내 꿈이 숨어버렸네
어릴 때처럼
기웃기웃
구석구석
찾아보면 나올까

희망아- 꿈아-
소리쳐 불러봐도
꼭꼭 숨었구나
잘도잘도 숨었구나

사랑하는 내 꿈아! 희망아!
부디, 어서,
내 앞에 나와다오
아, 그래, 나 술래 아냐
나 술래 아냐아

무엇이든 되어

파선한 널판자 조각 붙들고
표류하다 지쳐서
다 죽어가던 사람의 눈이 번쩍-
하찮은 개똥벌레 몇 마리가
눈앞에 날고 있는 것 아닌가
갑자기 불끈- 새 힘이 솟는다
그것은 바로 가까이에 육지가 있다는 신호였기에
오- 반갑고 고마운 반딧불아
이 세상에 너만큼 아름답고 귀여운 불꽃이
또 어딨을꼬!
그랬다.
그것은 분명 하나님이 보내신 구원의 천사였다.

가만!
뭐 하찮은 개똥벌레?
형! 그래 묻자.
넌 언제 한 번이라도

그런 반딧불 역할이라도 해본 적이 있었던가

옳아! 그래!
난 지금껏 그 하찮은 개똥벌레만도 못했지.
쓸모라곤 없는
그러나 나도 이제 달라져야지.
아무렴!
나도 흑암에 빠진 자에게 소망을 전할
반딧불이가 되리
무엇이든 돼야지
부디…… 아멘!

세한연후 歲寒然後

너도나도 침 튀기며
저만은 절대 독야청청하리라
장담했겠다
어디 두고 볼까
세한이 오면 밑천이 저절로 드러날걸

호! 변한 게 제 탓이 아니라고?
내 그럴 줄 알았지
그러게 왜 맥도 모르고 잘난 척해

이보게나
그래도 우린 행운아일세
고맙게도 여기
호박이 넝쿨째로 기다리고 있다네
〈회개〉로 〈회계〉하는 것

어쩔껴

우리 새로 시작하세나

그냥 이렇게 기도합세

〈부디 영혼만은 길이 울울창창 송백으로 남아지이다!〉

벼랑 끝에서

주여, 어느 때까지니이까
비록 그것이 잘못된 것 같을지라도
차라리 〈그랬기 때문〉에
얼마든지 더 좋도록 인도하시는
당신의 그 크신 사랑과 능력을 내가 믿나이다

그런데 나는 어이하여 제 한 몸 가누지도 못하고
이리 비틀거릴까
내 죄의 무게 탓이려니

여호와여
이제 그만 돌이켜 그 얼굴빛을 내게 비추사
나를 사하시고 이 손 잡아주소서
저 원수들의
너의 하나님이 어디 있느뇨-
비웃음 소리를 차마 더는 듣지 않게 하소서

너는 결코 수치를 당치 아니하리라
내가 너를 버리지도 떠나지도 아니하리라
약속하신 주님
어서 속히 나로 세상을 향하여
〈식언치 아니하시고 위약지 아니하시는
나의 하나님을 보라〉고
감히 호언케 하소서
자랑케 하소서

자식이 더 잘 아는 것

엄마는 가끔 힘들고 어려우면 유치원생 막내에게 기도를 복창시킨다. 염치에 그래도 천진한 아이의 기도는 왠지 더 잘 들어주실 것 같아서다.
〈준호야, 엄마랑 기도하자.〉
〈응, 엄마.〉
그런데 어머야! 요게 엄마보다 한술 더 뜬다.
〈엄마가 밥 안 먹는다고 할까?〉
〈뭐어?〉
〈엄만 내가 밥 안 먹는다면 젤 무섭잖어.〉
〈하! 요게……〉
〈아, 칵 죽어버리겠다고 하자. 하나님 깜짝 놀라 금방 들어주실 거야.〉
깔깔거리던 엄마의 눈에 시큰한 눈물이 고인다.
〈그런 말 하면 못써요. 어디 하나님께…… 엄마 기도는 이미 들어주셨다구. 그래, 이제 다 잘될 거야.〉
하! 역시 엄마는 고수다.

〈자, 따라서 해봐. 하나님 감사합니다. 걱정 끼쳐드려 죄송합니다.〉
〈……걱정 끼쳐드려……〉
얼씨구! 아주 쎄트로 자알 논다.

고얀지고!
부모(하나님)의 깊은 심중은 헤아리지 못하면서
부모(하나님)의 약점은 잘도 알고 있다니 쯧쯔……

사람이 하나님을 찾는 까닭은

흔히 사람들은
봄가을 타듯 외로움을 탄다
적적해서, 무료함을 못 이겨서 칭얼댄다
그러나 그것은 그냥
한가한 사람들이 심심해서 부르는 노랫가락이다

당신은 진정
의지가지없어
뼈가 시리도록 외로워본 적이 있는가
그 시린 외로움 때문에 벌벌 떨어본 적이 있는가
추위도 아니요 가난이 아니라도
마주치는 이빨이 딱딱 소리를 낼 만큼
외로움에 떨고 있는 사람이 도처에 널브러져 있다
사춘기? 갱년기? 우울증? ……
모든 걸 끝내주는 죽음까지도
그것이 얼마나 사치인가를 저들은 알고 있다

그래, 울자
실컷 울자
나는 두 손을 모은다
부디 저들이 주님을 만나지이다!

그래서 뼈가 시린 고독도
뼈를 깎는 고통도 주님 때문에 차라리 감사했노라
가슴 뜨거운 고백이 어서 터져나오길!!

때문에

당신이 사랑이 아니셨더면
내가 왜 따르게요
당신이 능력이 아니셨더면
내가 왜 따르게요
당신이 아무리 사랑이요 능력이시더라도
만약 내 구주가 아니셨더면
아마 난 그냥 바라보기만 했을 거예요.

어쩌면 당신은 그리 모든 걸 갖추셨나요
아, 행여 우리가 한눈팔까 봐서네요.
당신 안에 모든 게 있으니
당신으로 모든 게 해결되니
우린 그냥 당신 안에 있기만 하면 되니까요.

당신이 사랑이 아니셨더면
내가 좀 더 따뜻했을걸
당신이 능력이 아니셨더면

내 이리 게으르지 않았을걸
당신 앞에 내가 할 수 있는 게 없어
내가 요것밖에 못 됐으니
과히 허물치 말아주세요.

맞잖아요.
당신은 나의 산성 나의 요새
그냥 당신 안에 이대로 숨을래요.
숨겨주세요, 길이길이.

자존심 Ⅲ

아들아!
세상 그리 살지 말거라
부부가 비밀이 없어야 함은
제멋대로 일 저질러놓고
식구들 괴롭히는 짓 말자 해서지
모처럼 에미 차비 몇 푼 줄 거면서
누구 결재 못 받아 낑낑거리는 꼴이라니
아서거라!
그렇게라도 받아야 할 만큼
나 그다지 옹색하지 않구나

딸아!
세상 그리 살지 말거라
저 몰래 시부모 용돈 드렸다고
아침저녁으로 전쟁이면서
넌 왜 제 맘대로 내게 이리 후한 거니
염치 있어 사람이거늘

아서거라!
그런 딸 잘 됐다고 자랑단지 두들기는
한심한 에미들처럼
나 그다지 낯 두껍지 못하구나

존심아!
오- 무던히도 내가 사랑하는 갸륵한 내 친구야
되도록 내 세상 너무 쉽게 살지 말자던 것도
정녕 너 때문이었을까
너 때문에 때로 사람들은
펄펄 신명이 나더라만
너 때문에 난 이리 지지리도 외롭구나
그래도 난 널 사랑해
그래서 더욱 널 사랑해
애오라지, 네가 있어 내 끝내 타락할 수 없음이야

부디 오늘도

칠칠치 못하게
전에 없이 자꾸 음식을 흘린다
저도 모르게 손에서 그릇이 뚝 떨어진다
(허! 늙었다는 걸 꼭 그리 확인해야 하남)
공연히 심통이 난다

아버지!
나 그딴 거 확인시켜 주시잖아도 된다구요
당신이 사랑이요
당신이 능력이시라고
귀에 딱지가 앉고 옹이가 박히도록
나 날마다
그 사실 확인하기 위해 사니까요
그러니 당신이 사랑이신 거
당신이 능력이신 거 말고
그 어떤 것도 확인시키지 말아주세요

그래요
내 비록 늙었어도
힘없어도 좋아요
당신이 사랑이시오매
나 이리 기쁨이 충만하고
당신이 능력이시오매
나 이리 소망이 넘치니까요

내 기도는 오직 한마디
주여 부디 오늘도
당신이 사랑이심을
당신이 능력이심을
확인하고 송축하는 날 되게 하소서

푸른 신호등

누구나
건널목에서 기다리고 서 있는 것은
곧 신호가 바뀔 거라 믿기 때문이다

그런데 가끔 조급할 때가 있다
오늘따라 왠지 더 시간이 더딘 것 같다
왜일까?

아! 골목길 건널목을 생각했구나
매사 다 이유가 있지
여긴 큰 사거리야

누군가 말했지
영웅이란 결코 유별난 초능력자가 아니라
남보다 단 5분을 더 참고 기다릴 수 있는 사람일 뿐이라고

진정 그대 소망이 그다지도 간절하거든
기다리는 단 5분 동안만이라도 기도해 보시게나
그대 인생의 신호등까지 곧 바뀔 거야, 푸른 신호등으로

사랑아 사랑아 I

난 네가
얼굴이 예뻐서
사랑한 게 아니었어

난 네가
맘씨가 고와서
사랑한 게 아니었어

그냥 네가 좋아서 좋은 거야
넌 내 아들이니까
내 딸이니까

억만금을 준다 해도 너와 바꿀 수 없는 것은
넌 내 거니까
바로 나니까

고맙고 감사해라
넌 영원히 내 곁에서 날 지킬 터이고
난 그냥 널 부르기만 하면 되는 거였네

사랑아 사랑아
수천 년 동안 사람들은 네 이름을 부르며 살았고
앞으로도 수만 년을 그 이름 부르고 불리우겠지

하나님은 사랑이시라
오호라! 네가 바로 하나님
아, 사랑아 사랑아……

하나님이 하셨네

너 사방을 향하여 허우적대나
아무도 그 손 잡아주는 자 없구나
없구나

낙심치 말고 지치지 말고
너 두 손 높이높이 위로 쳐들라
하늘을 향하여 두 손을 모으라

그 깊은 웅덩이와 수렁에서 내가 널 건지리니
너 정녕 다시 일어서리라
일어서리라

비록 시방 숨이 막힐 듯 입이 닫혔으나
너 드디어 선포하리라
하나님이 하셨네를

손뼉 치며 큰 소리로
너 반드시 송축하리라
하나님이 하셨네를

사랑은 가지 않는다

왜 네가 다시 올 수 없는 것만
슬퍼하고 있었을까
내가 가면 될 것을

어이해 네 사랑만
애타게 그리워하고 있었을까
내 사랑 여기 그대로인데

난 바보였네
우리 사랑 한 치도 변함없는 것을
변할 수도 없는 것을

사랑은 결코
저 혼자서 가지 않는다
아무도 보내지도 않는다

아무리 세상 이리 요동해도
우리 함께 영영히 여기 있으리
사랑이니까

그래서 더욱

널 만드신 거 보면 분명 하나님 솜씨 대단하신데
날 만드신 거 보면 별로야 그지?
그러게!
어쩌자고 기왕이면 이리 어설피 만드셨을꼬!
장구한 세세년년 너무 많이 만드시느라
피곤하셨을까.

하나님은 내가 당신을 졸졸 따라다니는 게
예쁘신가 봐
내가 워낙 부족하니 그럴 수밖에.
옳거니! 아마 그러라고 부러 그리 만드셨을라
과연 무소부지 하나님이셨네.

그래도 난 댕큐!
적재적소
굼벵이도 뒹구는 재주 있거든
그래서 더욱 댕, 댕큐!

신종운동

여기 아니면 저기
저기 아니면 여기
아픈 데도 많기도 해라.

엇! 앗!
손이 일일이 따라다니자니
기왕이면 율동을 하자.

야- 누가 보면 신나겠다.
노친네의 하는 짓이란
뭐든 교훈적이라니까. ㅎㅎ

순복음

세월호 이야기가 아닙니다.
무조건 말을 잘 듣는 것이 착한 것이 아닙니다.
누구의 어떤 말을 듣느냐가 문제죠.
하나님의, 짐승의, 귀신의 소리를 분별할 줄 알아야 합니다.

세월호 이야기가 아닙니다.
무조건 말을 안 들어야 사는 수가 있습니다.
마귀는 너무도 달콤하게 유혹을 하니까요.
그럴 땐 〈아니야!〉라고 단호히 큰 소리로 물리쳐야 삽니다.

세월호 이야기가 아닙니다.
사람들은 무조건 많은 무리를 따라가야 안심합니다.
그러나 다수가 곧 옳은 것은 아닙니다.
세상엔 짐승보다 못한 사람이 얼마든지 있으니까요.

불의를 훈장 삼아 남의 피로 제자리 지키려는 파렴치한 권력자
궤변으로 유세 떠는 한심한 지식인
돈바람에 거들먹거리는 천박한 모리배.
팔다 팔다 신까지 팔아먹은 세일즈의 귀재 종교장사꾼.

그들에게 이제 박수는 그만 칩시다.
당신은 사랑받고 존중받아 마땅한 하나님의 자녀입니다.
부디 다수를 따라 요동치 말고
좁은 문으로 들어가십시오.
오직 한 분만 바라보십시오.
당신은 영원히 살 것입니다.

고해성사

나는 악하고 게으른 종입니다
오만하고 방자함도 곁들여서요
무정하고 무심한 죄도 덧붙입니다
그런데 무엇보다 더 큰 죄는
지금껏 그 허물들을 안고 한 번도 통회자복해 본 적이 없다는
사실입니다
어차피 그래서 주님이 오셨고
피 흘려 돌아가셨어야 했다면 얘긴 다 끝난 건가요

글쎄, 그랬으면 좋았을걸 진짜 문제가 있다네요
내가 원하든 원하지 않든 그 핏값을 반드시, 꼭, 내놔야 한다나요
그 값은 누구에게 빌려서도 꾸어서도 계산이 안 된다니 어머야−

아, 하나도 어렵지 않대요
이제부터 그 계산 맞추느라 살면 되는 거래요
하! 내게도 살아야 할 이유가, 명분이 주어졌으니 얼마나 다행
인지

그래요. 이제부터 무조건 반대로 하기
더 부지런히
더 겸손하게
더 다정하게……

제가 시방 그 비결을 알았거든요
언제나
어디서나
〈with Jesus!〉

인간은 감사할 자유밖에 없다
—친구의 영정 앞에서

말도 안 돼
어떻게 이런 일이……
아무리 울며불며 몸부림쳐도
결국 이 길밖에 없네요.
이것은 어차피 유사 이래 누구에게나 불변의 코스니까요.

네, 감사 감사합니다.
그 지경에도 그의 바람대로 밝고 고운 모습으로
모두의 기억 속에 남게 해주셔서 감사합니다.
차라리 모진 고통 앞에 두고 미리 불러주셔서 감사합니다.
자녀들의 가슴 치는 애도 속에 보내는 것 감사합니다.

70년 전에 우리를 친구로 붙이시고
장구한 세월 동안 한결같이 사랑하다
찬송 속에 보내게 하시니 감사합니다.

한평생 당신과 상관없이 자행자지했거늘
오오래 참으사
끝내 그 입으로 주 사랑 고백게 하신
그 은혜 참 진정 감사 감사합니다.

그는 한 번도 펴보지 못한 꿈을
못내 아쉬워했지만
아! 저가 얼마나 홍복자인지
우리가 이렇게 무릎 꿇습니다.
주님! 과연 당신의 하시는 일은
언제나 옳고 선하십니다. 아멘!

기원 祈願

나는 아침마다
장식품이 된 크리스마스 츄리에
불을 켜고
두 팔로 휘두르며 외친다.

with Christ!
in Christ!!
for Christ!!!

Christ, Jesus를
기분대로 바꿔가며 한껏 볼 만하다.

늙어서도 아직도
전에 하던 짓을 그대로 한다.
그야 그럼 나는 나지 별수 있나.

형! 제법 믿는 흉내를 내는군.
멋만 부리지 말고
믿음이나 제대로 챙기시지.

그야… 뭐든 흉내부터 시작하는 거 아냐?
너도 따라 해봐. 이거 장난 아냐.
〈부디 이대로 영글어지이다! ……〉
         아멘!

세상이 시끄러운 것은

네가 네 일로 오겠다기에
바쁜 일 제치고 기다리다가
뜻밖의 횡재를 만났는데
뭐? 꼭 너와 분배해야 한다고?

네가 네 일로 오겠다기에
약속을 미루고 기다리다가
원치 않은 변을 당했는데
그래, 넌 얼마까지 부담할 건데?

그것이 왜 그래야 하는지도 모른 채
시달림이 시작된다.
사람들은 무조건
제게 유리한 쪽으로 우겨댄다.

그것이 당연이다.
그것이 세상 사리다.
그것이 세상 법이다.
제게 유리한 쪽으로 꿰맞춰 잘도 떠든다.

너무 그럴싸해서
나도 내가 보기에 더 합당하게
꿰맞춰야 한다.
그 무엇도 따져봐야 소용이 없다.

말은 언제나 주장하는 쪽이 맞게 돼 있다.
네 주장도 내 주장도
숨구멍이 없으니 세상이 시끄럽다.
끝까지 주장하는 쪽이 옳은 것이 된다.

변신 變身

나는 나 자신이 도무지 못마땅해 견딜 수가 없다
전능하신 하나님이 뭘 하시다 날 빚으셨을꼬
무심하고 게으르고 옹졸하고 거칠고……

사람은 누구나 저 잘난 맛에 산다는데
어쩌자고 이다지
몸부림칠수록 옥죄는 포승인가

헛수고 관두고 치워, 치워!
아무리 어르고 달래도
항우장사를 붙여도 안 되는 건 안 되는겨

〈가시나무〉 노래가 절로 새어나온다
쉴 곳 찾아 지쳐 날아든 어린 새들을
찔러 내쫓는 내 마음은 가시나무숲……

아! 예쁜 너의 사랑이 내 안에 들어와 녹아주면 달라질까
아마도……
어쩌면……

그래, 새노래를 부르자
해는 저도 달이 뜬다
별들이 빛난다

오- 아름다운 새하늘이 열린다 열린다
자, 새들아 오너라!
포근한 솜이불 되어 내가, 내가 널 덮으리, 품으리

주님 내 일 하시고 나 주의 일 하고

날마다 자고 새면 할 일도 많아라
어디서
무엇부터
어찌해야 할지도 모를 엉클어진 일들

형!
뭐가 그리도 복잡해
너무도 간단한걸
그래, 자꾸 긁어 부스럼 만들어라

어렵게 생각하니 어렵지
다 저 생각하기 나름
호! 너 하기 싫구나
자, 꾀부리지 말고 따라서 해!

주님 내 일 하시고
나 주의 일 하고
〈주님 내 일 하시고
나 주의 일 하고〉

IQ 0.5

나는 자신이 어쩌자고, 뭣 하러 이 땅에 왔는지를 전혀 모르는 사람입니다.
그러나 이제부터 뭘 어떻게 살아야 하는지는 알 것 같습니다.
그런데 올 때는 모두가 같은 몸짓으로 왔지만 사는 모습은 너무도 다릅니다.
그야 먹고 자고 일하는 모습은 다 비슷합니다.
다만 생각하고 추구하는 속사람이 다르다는 것입니다.
문제는 이 모두가 같지 않도록 창조주가 그렇게 창조하시고 인도하신다는 사실입니다.
그래서 당신은 당신의 길이 그리 아름답고
나는 내 길이 이리 대견하기만 합니다.

나는 어느 날 문득 엄청난 진리를 깨달았습니다.
유사 이래 지금껏 수수억만의 사람들이 이 땅에 왔지만
어쩌면 그다지도 단 한 명의 낙오자도 없이 모두 본향으로 되돌아가다니요.
거 신비하지 않나요?

어느 세계나 낙오자는 있게 마련인데 말예요.

-소리
그러게 넌 IQ 0.5야.
창조주 이름이 사랑이란 걸 여태 몰랐어?
차마 낙오자를 어찌 보시리오!!

사랑아 사랑아 II

내가 당신께 그토록 밀착해 있었던 게
믿음이었으면 얼마나 좋았게요.
필요 때문이었다는 걸 내가 아는걸요.

당신이 그토록 사무치게 그리운 게
믿음이었으면 얼마나 좋았게요.
사고무친, 절절한 외로움 때문인 걸 내가 아는걸요.

당신이 아니면 몸을 가눌 수 없을 만큼 허약함이 싫어
나는 자괴감을 먹고 살아야 했습니다.
회개를 빙자한 나의 자학도 여전한 오만이었습니다.

그러나 나는 이내 알았습니다.
당신이 내게 사랑하는 내 딸아 하셨을 때
모든 걸 짐짓 속은 척 눈감아 주셨다는걸.

역시 당신은 사랑이셨습니다.
이제 다시는
같은 어리석음을 되풀이하지 않을 것을 약속드립니다.

아, 사랑아 사랑아
지금부터 영원까지 내가 당신을
전심으로 찬양합니다 송축합니다……

안쓰런 사람아

골백번 궁리하고 또 궁리해도
해답은 하나
애시당초
난 너의 상대가 못 됐어

오랜 세월 무던히도 몸부림쳤지만
더는 안 돼
별스레도 아닌 건 아닌 거야
나도 좋은 일 좀 하자

차라리 그냥 날 버려
과감히 버려! 버려!!
안 되면 그냥 잊어
다 잊어버려

세상엔 좋은 것들이 지천인걸
이제 좀 찾아봐
한번 통 크게 가져봐
다 네 꺼야

시방 네겐 천운이 열리고 있어
나만 버리면 된다구
부디 그리해봐!
제발 그리해봐 안쓰런 사람아

너 오는 길에는 맹감도 없더냐

사고 싶어도 사지 않고
먹고 싶어도 먹지 않고

쉬고 싶어도 쉬지 않고
자고 싶어도 억지로 눈 부릅뜬

세상에 저 하고 싶은 걸 참는 데
가장 이골이 난 사람

먹을 게 있음 놔뒀다가
돈이 있어도 구겨 넣었다가
줄 사람 따로 있지
그놈의 새끼들……

아, 먼 길 헤치고
모처럼 분가한 아들이 엄마 보러 온단다.
오- 하늘이여, 감사합니다, 감사합니다.

오늘은 국경일. 이런 날 언제 또 있었노.

하! 아들이 왔는데
모처럼 왔는데
어쩜… 어쩜…
사탕 한 알도 없다니

멍청하게 한동안 멀거니 앉아 있던 어머니
한숨 어린 소리
〈너 오는 길에는 맹감도 없더냐……〉

註

- **맹감**: 시골 밭두렁 작은 나뭇가지에 콩알처럼 주렁주렁 매달린, 얼핏 보기엔 예쁘나 아무도 눈여겨보지 않는 먹지도 못한 실속 없는 흔한 열매.

세월아 너 혼자 가렴아

어느새
곱던 단풍도 간데없고
나무가 벌거숭이가 됐구나

내년 봄
다시 푸른 옷을 입고 뻐길 때까지
앙상한 채로 우리 눈을 긁겠지

왜 푸른 옷이 그다지 따뜻하고
고운 단풍이 상큼했는지
싸늘한 바람이 이리 허전할 줄이야

그러게 싸목싸목 올 것을
반겨줄 이도 없는데
어쩌자고 그리 바삐 왔을꼬!

등 뒤에서 떠미는 세월 네 놈 탓이었쟈
이젠 너하고의 동행이 정말 싫구나
우린 두고 그냥 너 혼자 가려무나

개똥밭에 굴러도 너 따라가고픈 이 없으니
세월아, 세월아
부디 너 혼자 안녕히 잘 가거라

청개구리 되어

세월이 많이 흘렀다는 것은
그만큼 죄를 많이 지었다는 것
은혜와 사랑을 많이 받았다는 것

세월이 빨리 가버렸다는 것은
그만큼 선한 일에 게을렀다는 것
어리석은 회한만 남았다는 것

지난 세월이 하 탐탁지 않아
이제부턴 무조건 반대로 하기
남이 노래하면 박수치고
남이 울면 닦아주며
남 놀 때 일하고
남이 모으면 나눌까봐

남 덩달아 흉내내고 따라가다
귀한 세월 다 흘렸으니
이제부터 나 청개구리 되어
좁은 길로 가리
좁은 문으로 들어가리

지금 교회에선

내 어렸을 적
정월 초하룻날 새벽 골목을 흔들던
복조리 장수의 욈 소리는 썩 구성졌었지
정녕 복을 가져다줄세라 들떠
잠결에도 반가이 봉창문을 툭 치고 내다보던
그 시절의 그리움이 아련한데
요즘은 일년 사시장철
복주머니를 팔고 있으니

어두운 밤하늘에 새빨갛게 떠 있는 것들이 뭐냐고
친구에게 물었더니
아, 그게 바로 복주머니 가게라나
어머나, 웬 가게가 그리 많냐니까
골목마다 슈퍼는 조옴 많네요 글쎄
말 되네
복주머니 가겐데 슈퍼보다야 많아야지
과연 이 나란 복받은 나라야

어느 날 나도 모르게
이끌리듯 불빛 따라가 보았지
멋스럽게 단장된 방에서 흐르는 아름다운 멜로디-
아- 난 너무너무 황홀했어
거기서 파는 것은 팔복주머니
정가는 따로 없고 그냥 내 주머니와 바꾸는 거였어
그런데 어째 별로 장사가 되는 것 같질 않네
아무리 둘러봐야 파리만 날리는데
그럼 그 골목이 미어지게 밀려들던 사람들은
다 어찌 됐길래…
"여기야 여기!"
아, 드디어 아는 얼굴 하나가 손짓한다
"여기라니까, 일루 오라구"

-소리
"겸손은 곧 생명입니다
하나님은 교만한 자를 물리치시고

겸손한 자를 축복하십니다"
"마음을 비우십시오
비우셔야 채우십니다"
"낮아지십시오 더, 더-
주님은 낮은 데로 임하십니다"
녹음기는 계속 저 혼자 돌고 있었고
손짓하는 쪽으로 가 보니
와- 모두 거기 있었네
오복주머니가 불티나게 팔리고 있는 거야
"어쩌나, 난…"
"에이, 이걸 사야지 저 사람들 좀 봐
서로 더 사려고 아우성이잖아"
"난 이게 좋은걸"
"욕심쟁이! 뭐하러 팔복씩이나……"
(씩이나? 옳거니! 어쩜 잘도 배웠네.
겸손하고, 비우고, 낮아져서
오복으로 족하시겠다구? 흐응-)

그런데 아까 저쪽에선
누군가 목이 터져라 쉬지 않고 외쳐대는데
"오복이냐 팔복이냐 그것이 문제로다
사랑하는 형제자매 여러분!
이 팔복주머니만이 오리지날 예수님 작품으로
구원을 보장합니다
여러분! 제발… 이쪽입니다, 이쪽이라구요"

저런! 딱도 해라 듣는 사람도 없는데…
내가 훈수해야지
"저기… 그쪽요 그러시지 말고 그냥
쥐약 장사 식으로 한번 해보시죠
사람들은 사정하면 더 안 듣거든요
이렇게요 배짱이라구요
살-려면 사-고- 말-려면 마시오
누-가- 아-쉬-운지 봅, 시, 다!"

거울 앞에서 드린 새벽기도

찌르릉-
새벽기도 30분 전으로 맞춰놓은 자명종 소리가 요란벅적이다.
하루가 시작됐다는 시그널.
아무리 간밤에 잠을 설쳤거나 뜬눈으로 지샜더라도
가차없이 오늘은 '전진'만을 명령하는 소리다.
그래서 끝내 타협에 실패한 대부분의 사람들에겐
졸리는 눈을 비비는 작업으로부터 하루가 시작되는 것이다.
"아-함"(하품)
(가만있자, 간밤에 신나는 꿈을 꾸었었는데…)
아쉽게 깨어버린 그 길몽이 '오늘' 속에 실현되어지이다!
가슴 설레는 기대 속에 또 한번 눈을 비빈다.
"어, 눈이 부었네?"

눈! 그래, 아무래도 이놈의 눈이 우리 삶의 모든 문제란 사실에 난 움찔한다.

흔히들, 마음의 창이요 그래서 가장 정직한

자기표현의 도구라 일컫는 이 눈.
그 어느 기관보다 창조주의 존귀와 영화를 보며
누리고 살도록 배려하신 이 고귀한 지체 눈.
영영토록 칭송과 아낌을 받아야 할 이 눈이
어쩌다가 언제부터 변질되어 그 본래의 기능을
상실하고 말았더란 말인가.
오호라! 그 동산의 중앙에 있는 실과를
하와가 초점 잃은 눈으로 바라보던 바로 그 순간부터였으렷다.
오, 너 타락의 앞잡이!
그래도 하나님께선 당신이 사랑이심을 증명코자
구속주를 이 땅에 보내주셨건만
또 그 메시아를 빗보고 십자가에 못 박게 한 눈.
너 저주의 도구여!
세월은 흘러흘러 급기야 '문명'이란 이름으로
지극히 다양하고 무수한 제 눈에 안경이 개발되고
아니, 호화 찬란한 색안경까지 총동원되어 아우성이니
이 요지경 속에서

누군가 안경 없이 정시안(正視眼)을 고수할 수 있다면
정녕코 난 그를 존경하리라. 존경하리라.
아빠는 자신이 난시인 것은 세상이 너무 어지러운 탓이라고-
엄마는 근시인데 삶이 너무 급박해서
어찌 먼 데까지 볼 여유가 있을까 보냐고 투덜대신다.
공연히 콧대만 높아서 제 주제꼴은 내려다볼 줄 모르고
먼 꿈속에만 젖어 있다고 퉁바리 잘 맞는 누난
틀림없이 원시렸다.
덩달아 꼬마도 진작에 멋진 안경 하나 만들어 코에 걸고
공부깨나 썩 열심히 한 티를 내어보고 싶었쟈.
그런데 그게 아니었네.
그렇다. 요놈의 안경을 모두 내동댕이쳐야 한다.
지금껏 그런대로 요게 있기에 참 다행이라 여겼지만
그게 바로 오산이었어.
모든 것이 거기서부터 틀어지기 시작한 거야.
요놈의 것이 있는 한은
우리 주님을 영영 바로 알아볼 길이 없다구.

에덴에서 이미 사탄은 우리에게
요 흉측한 이기의, 탐욕의 요물을 씌웠거든.

난 짐짓 눈을 비벼본다.
아프도록 손가락을 꾹꾹 눌러 비벼본다.
소리- **너희가 차라리 소경되었더면**
      죄가 없으려니와
      본다고 하니
      너희 죄가 그저 있느니라.

오- 보는 자들은 보지 못하게
보지 못하는 자들은 보게 하기 위해 오신 주님!
나로 하여금 당신의 그 존귀와 영광을
부시도록 바라보며 은혜 안에 살도록
부디 이 당달봉사의 눈을 열어주옵소서.
                              아멘!

끝내 오지 못한 사랑하는 내 딸에게

너무 길이 멀어 오다가 도로 갔을까
아, 그 먼 길 힘들여 찾아왔는데
엄마가 문을 열어주질 않았었구나
아들 너무 좋아라 말고 딸을 기다리라던-
그러게! 남의 말도 들을 건 들었어야 했는데

만약에 내가 제때에 널 맞아주었더면
우린 얼마나 신나는 모녀였을까
천하가 모두 부러워했을 거야 그지?
나이 들어갈수록
이렇듯 가슴 절절 그리운 어머니-
아린 가슴 움켜쥐고 애절히 엄마를 불러줄
딸 하나 이 땅에 남기지 못한
난 정녕 인생의 실패자런가

아니, 아니야
그래도 네가
나보다 더 따뜻하고 품위 있고 두루 넉넉한
어느 엄마를 만나 행복하다면
괜찮아, 난 괜찮아요
부디, 진정, 그랬으면 좋겠구나

아무렴!
내 대신 더 좋은 엄마한테 널 보내주신 하나님께
많이많이 감사하거라
넌 분명코
아주 예쁘고 총명하고 착한 아이였을 거야
내가 감당하기엔 너무 부족해서
널 그리로 보내셨을 테니까

그래, 잘된 거야
아주아주 잘된 거야
부디 행복하거라
샬롬 내 사랑……

병아리의 행복

사막엔 1년에 한 번 비를 먹고도 사는 식물이 있다는데
나는 은혜가 아니면 하루를 견디기가 힘들다

물 한 모금 먹고 하늘 한 번 쳐다보고
물 한 모금 먹고 또 하늘 한 번 쳐다보고

초짜 신앙이라고 누가 비웃은들
그리 대수랴

그래, 넌 우아하고 폼나게 클래식만 부르며 살려무나
난 그냥 이리 유치하게 살란다

물 한 모금 먹고 하늘 한 번 쳐다보고
물 한 모금 먹고 또 하늘 한 번 쳐다보고

우리 모두 행복한 것은

모처럼
너를 살맛 나게 하는 사람일지라도
붙잡지 말고
그냥 떠나가게 하거라
그는 제 길을 가야 할 사람
너는 돌아보며 그리워할 수도 있지 않겠니

행여 어느 순간에
그와 네가 똑같이 뒤돌아보며
그리워 그리워 울게 되더라도
반드시 그 언젠가 다시 만나리니
그때 넌 말하거라
다시 만나리라 믿고 보내었노라고

비록 가시처럼 너를 아프게 찌르는 사람일지라도
울분을 부풀리지 말고
그냥 지나쳐 보내거라

너는 네 길을 가야 할 사람
되짚지도 곱씹지도 말고
그냥 웃으며 손 흔들어주거라

만나서 괴로웠고
헤어지니 차라리 후련할지라도
그냥 웃으며 지나쳐주면
언젠가 다시 만났을 땐 반가워지는 법
누구에게도 언짢지 않을 수 있었던 것은
네가 묵묵히 네 길을 걸어온 탓이어니

오늘도 누군가 네 곁을 스쳐가겠지만
그가 저 가는 길에서
한 번이라도 더 너를 떠올리도록
다정한 미소로 보내주거라
혹여 오늘 누군가 너와 함께 동행할지라도
결국은 그도 떠난다

… 그런데 아니야
누구나 저 혼자 간다고 외로워하지만
그러나 아무도 저 혼자 가는 사람은 없다
그날에 다시 만났을 때야 알리라
우리 모두 함께였다는 것을
누구도 사랑하지 않은 순간이 없었다는 것을

엄니야 엄니야

내 어렸을 때
울엄니
밑도 끝도 없이 탄식하듯
〈느그는 좋겄다.〉

형!
〈좋을 게 뭐디.〉
난 콧퉁을 퉁겼지.

요즘 애들 저리 싱싱하고
양손 불러 허공 치며 깔깔거리는데
내 입에서 뚱딴지같은 소리.
〈네들은 좋겠다.〉

어머!
내 시방 뭐랬지.
아! 엄니야 엄니야……

새 기도 새 노래

황혼엔 잔잔하게 하소서
저 아름다운 노을을 음미하도록
내 인생의 황혼이 잔잔하게 하소서
질풍노도를 잠잠케 하신 그 사랑으로
부디 당신을 뵐 때까지 평화롭게 하소서
화평하게 하소서

가을엔 불타게 하소서
저 이글거리는 단풍처럼
내 인생의 가을이 불타게 하소서
쇠잔해가는 마지막 기력을 추스려
부디 당신을 향한 뜨거운 소망으로 불타게 하소서
불태우게 하소서

비록 초라했지만 주 함께였으니
보내는 봄여름을 너무 아쉬워 말게 하소서
차라리 그것들이 은총의 열매로 영글어

황홀한 시온의 겨울을 열도록
부디 내 인생의 가을이 풍성케 하소서
하여, 두루 나누고 나누고 또 나누게 하소서

가족 기도문 I

그것이 비록 좋은 일일지라도
자기 의를 나타내기 위해
너무 잘하려는 욕심을 버리게 하소서

내가 하고 싶은 일의 형통을 위해서보다
마땅히 해야 할 일이 훼방받지 않도록
기도하게 하소서

가슴 벅찬 기쁨으로 할 수 있는 일을
하찮은 것이라 하여 소홀하지 말며
내게 유익한 것이라 하여
과도히 의미를 부여하지도 말게 하소서

요란한 바깥의 훤화에 신경 쓰느니
내 안의 양심으로부터 비웃음 소리를 듣지 않도록
조신(操身)하게 하소서

외모가 아니라 중심을,
결과가 아니라 과정을 보시는 하나님을
늘 기억하게 하소서

많이 맡긴 자에게 많이 찾으시는
당신의 결산 때
핑계하지 않게 하소서

남을 넘어뜨리는 것이 아니라
내가 넘어지지 않음으로
스스로의 강함을 입증하게 하소서

가족 기도문 II

오 주님!
그것이 그렇게 됨으로써
내게 무엇이 유익한가를 깨닫게 하소서

먼저, 지금 내가 서 있는 이 자리에서
주어진 일에 충성하게 하소서

이 순간도
누군가가 나를 필요로 하고 있다는 사실을
유념하게 하소서

당신의 나라와 그 의를 위해
어떠한 괴로움도 감내하게 하소서

약자에게 교만하지 않고 강자에게 비굴하지 말며
최악의 순간에도 당신 자녀로서의 참 자존심을
지키게 하소서

모든 일에 당신이 함께하심을 믿고
항상 용기를 더하게 하소서

비록 내가 받은 달란트는 적더라도
최선을 다함으로 당신께 영광을 돌리게 하소서
아멘!

3부

별난
이력

(전남 해남군 화산면에 해창이란 마을이 있다. 막걸리로 유명한 고장이다.)

어느 날 주인 양반이 작은 머슴에게 혼잣말처럼 내뱉었다.

〈낼 아침에 해창 좀 갔다와야겠다.〉

아침에 주인은 심부름을 시키려고 작은 머슴을 두루 찾았으나 왠지 통 보이질 않았다.

(짜식이 하필 어딜 갔어?)

주인이 심기가 편치 않아 있는데 마침 헐레벌떡 머슴이 뛰어들어오며 기진해 옆으로 길게 누워버린다.

〈이놈아, 어딜 갔었어? 해창 좀 갔다오락 할라고 아무리 찾아야 있어야지.〉

〈예, 나 시방 해창 갔다 왔어라우. 후우--〉

〈뭐어? 뭣허러?〉

〈어르신이 엊저녁에 나보고 해창 좀 갔다 오락 하셨잖여요. 어휴. 빨리 갔다 오느라 죽을 뻔했네….〉

〈하하! …〉

미련하지만 저리 착한 놈을 닦달할 게 아니라 주인은 그만 쓸어안아주고 싶었다.

그래서 남도에선 일의 결과물 없는 헛짓거리를 〈조주환이 해창 갔다온 꼴〉이란 말이 유행이다.

현란한 자가PR의 시대에 날마다 방구석에 처박혀 뒹구느니 해창이라도 다녀온 것도 분명 이력일라. 아무렴!

나는
반딧불이

　세상엔, 하루도 아니요 이틀도 아니요, 허구한 날을 벼락을 맞겠다고 허허벌판에 하늘을 향하여 두 손 벌리고 서 있는 사람이 있다.
　낮은 데선 행여 낙상만 할새라 아무쪼록 산언덕 높이높이 오늘도 죽으려고 올라가고 있는 사람이 있다.
　친구는 나더러 늘 잔소리한다. 도대체 넌 어쩌자고 그리 돈도 되지 않는 남의 헛일만 붙잡고 있느냐고 나무란다. 이제 그만저만 좀 한 번 땡을 쳐보란다.
　하! 그런데 우리는 그 누구도 정작 누가 잘하고 있는지는 아무도 모른다. 나는 그냥 내가 그리 잘못하고 있지 않다는 것만 믿고 있을 따름이다. 그러니까 세상이 천차만별의 사람들의 공통점은 시방 다 제 일 저 하고 있다는 것이다.

어느 날 내게 참으로 기절초풍할 일이 벌어졌다. 나는 무척 조심스럽지만 이 얘기를 해야만 할까보다.

나는 그날 좀 무료해서 TV를 켰다. 별로 신명 나는 프로도 없는 듯했다.

아까부터 나는 졸려서 방바닥을 훑고 있었다. 그런데 갑자기 시끄러운 소리가 귀를 깨운다. 〈나는 반딧불〉이란 새 노래인 모양이었다. 그러자 나는 금세 나도 모르게 쿵- 하고 방바닥에 고꾸라지고 말았다. 그리곤 다시 이번엔 네 발로 방바닥을 기고 있었다.

〈이게 뭐야, 뭐야아…—.〉

나는 내가 뭘 하고 있는지를 몰랐다. 나는 세상 끝난 양 처절한 꼴상으로 울고 있었다.

자, 보자.

나는 반딧불이
나는 내가
하늘에서 떨어진 빛나는 별인 줄 알았어요.
한 번도 의심한 적 없었죠.

개똥벌레—?

아, 난 내가 벌레인 줄 몰랐네.

그래도 괜찮아요.
난 눈부시니까.
내내 빛날 테니까……

이 노래가 나와서 얼마 동안 불리었는지 알 바 없었지만 나는 지금에야 처음 들었고 내 안에 천지개벽이 일어난 것도 물론 나만 알고 있는 노릇이었다. 그러니까 아까 내가 울었던 건 결코 슬퍼서가 아니요 너무 반갑고 기뻐서란 건 두말할 나위 없겠다.
　혹시 내 글을 한 쪽이라도 읽어 본 사람이면 내 글의 테마의 대부분이 자존감의 절대환영이란 걸 기억할진대 지금 나의 더 이상의 요설(饒舌)이 못마땅하리라 싶어 이만 접기로 한다.

감사합니다, 아버지!
어떻게 이런 귀한 노래를 제게 듣게 하시다니요.
그 사랑 그 은혜 영원히 감사 감사드릴 것뿐입니다.

나는 귀여운 반딧불이
이리 앙증맞은 불꽃이 또 어디 있으리

나는 사랑스런 반딧불이

아- 반딧불이……

〈다음은 당신이 읊으세요.〉

사랑은
주는 것

내겐 좀, 아니 많이 좋지 않은 버릇이 있다.
나는 무척 음식을 가려 먹는다.
이유도 없이 한번 먹고 싶지 않은 건 평생을 먹지 않는다.
나는 지금껏 짜장면, 냉면, 햄버거 같은 걸 먹어본 적이 없다.
모두들 즐겨 먹는 음식인데도 아예 먹어보려고도 하지 않는다.
그런데 나쁜 버릇이란, 내가 썩 맛있다고 생각하는 건 그걸 남에게 먹으라고 강권하는 것이다.
사람마다 식성이 다르고 취향이 다른데도 내가 맛있다 싶으면 어떻게 무슨 짓을 해서라도 꼭 구해다가 무조건 퍼먹이려 든다. 그래서 그가 맛있게 먹으면 얼마나 기분이 좋은지 살맛 난다.

어떤 땐 그런 자신이 도무지 이해가 안 되고 어이가 없다.

어렸을 때 아마 보릿고개쯤이었을 것이다.

나는 보리밥을 몹시 싫어했다.

그래서 내 밥은 꼭 보리가 조금 들고 쌀 쪽을 많이 넣어 퍼주었다. 그런데 검은 콩이 듬성듬성 들어 있었다.

나는 그 콩을 젓가락으로 일일이 집어냈다.

어머니가 펄쩍 하시며 이건 꼭 먹어야 한단다.

나는 싫은데 먹으라고 어머니는 사정하셨고 나는 밥 안 먹는다고 수저를 놓아버린다.

와- 어쩌자고 그때 어머니는 평소답지 않게 그리 완강하셨을까.

나는 지금 똑같은 얘기를 하고 있다.

내가 좋아서 맛있다고 생각되는 걸 덮어놓고 상대에게 강권하는 것 그것은 분명 사랑이었다.

설사 상대의 식성도 전혀 고려하지 않았지만 내가 너무 좋아서 줘야만 직성이 풀리는 그것은 틀림없는 사랑이었다.

논리도 이유도 필요 없다.

사랑은 무조건 저 좋은 걸 퍼주는 것이다.

촌×이……

읍내 한번 제대로 구경도 못 해본, 이제 갓 열다섯 살 시골뜨기가 난생처음으로 썩 큰 항구도시로 유학을 나갔다. 처음엔 제대로 찻길도 아닌 십 리도 훨씬 넘은 먼 길을 머슴에게 짐을 지워 아버지와 걸어서 포구까지 가서 배를 타고 목포까지 갔다. 글쎄. 공부해서 무슨 영화를 보자는 건지 몰랐지만 바야흐로 내 인생의 고된 역사가 시작된 것이었다. 후―

(나중엔 트럭으로 용당리까지 가서 배를 타고 건너서 목포에 가기도 했지만 오히려 그게 더 불편했다. 전혀 정기 차편이 없는 시골길이지만 마침 신작로는 여기저기 새로 잘 닦여져 있었다.)

소녀는 시골치이지만 그래도 면 소재지 큰 학교에서 천재 소문을 뿌리며 좀 별났었다. 그런 그도 갑자기 도시에 내놓으니 주눅이 들어 어찌할 바를 모른 것이다.

보기와 달리 본래 나는 어려서부터 몹시 소심했었다. 지금도 마찬가지다. 나는 내가 납득하지 못한 건 한마디도 못 한다. 당연하지. 저도 모르는 말을 어떻게 떠들어 대겠는가.

우선 초등학교와 중학교 학제부터가 완전히 달라서 처음부터 어리둥절할 수밖에. 시간마다 다른 선생님이 들어와서 혼자 콩치고 팥쳤다. 도시 애들은 좋은 선생 밑에서 책도 많이 읽고 우리 시골뜨기와는 차원이 다를 거라 미리 기가 죽어 있었고, 누구라도 전에 중학교를 다녀본 것도 아니요 모두 **두 다 버 버**였다.

나는 그래도 도시 애들인데 선생님 혼자 묻고 대답해도 조용한 걸 이해할 수 없었다.

에라 모르겠다. 나는 결국 못 참고 어느 날 내 본색을 드러내고 말았다. 선생님이 물으시는데 학생이 대답을 않는다니 말이 되는가 나는 터놓고 선생님과 궁이야 장이야를 펼쳤다.

그날 쉬는 시간이었다. B초등학교 수재라고 쑥덕이는 B가 애들에게 뭐라고 했다. 금세 몇 사람이 우르르 내 곁으로 몰렸다. B가 맘먹은 듯 시작했다.

〈아야! 그러니까 이 촌년이 우리를 꼼짝 못 하게 갖고 놀았어야 잉! 헝! …〉

모두 작당한 듯 와아— 웃어댔다.

나는 불시에 난처해졌다. 그런데 분위기가 참으로 묘했다. B

의 말은 그 내용에 비해 전혀 걸맞지 않게 아주 따뜻하고 정겨웠다. 시종 B는 내게 사랑스런 폼이었다. 알다가도 모를 일이었다.

제 한 몸 마음 의탁할 수 있는 친구를 가진 자는 인생의 성공자라는 말 모르는 자 누구랴. 오늘은 나를 성공자로 만들어준 B와의 추억을 읊으려고 한다.

B는 예쁘고 똑똑하고 노래를 잘했다. 나는 어디서 노래를 잘도 물어왔고 그는 열심히 내게 가르쳐주었다.

그가 E大 영문과를 다닌 4년 외엔 각자의 생활터전이 어디건 장장 80 평생을 우리는 함께 산 셈이다. 그는 내게 말을 꼭 하고 싶거나 뭔가 물어야 한다고 여겼을 땐 더욱 입안엣소리 한 단어뿐이었다.

〈춘년이……〉

그는 그 한마디면 다 끝났다는 듯 오히려 홀가분하게 입을 닫았다.

그 밑도 끝도 없는 한마디는 나로 얼마든지 장편의 소설이라도 쓰게 했다.

그가 서울 병원에서 시골로 옮긴다고 했다.

어느 날 난데없이 병원에서 전화가 왔단다. 나는 깜짝 놀랐다.

〈춘년아! 끝까지 잘나야 돼, 응?〉

이 말을 누가 제대로 알아들으리오!

이 한마디는 나의 평생 동안 온 우주를 안은 채 내 안에 길이 살아 있을 것이다.

친구들은 그렇듯 하나같이 이 알량한 친구가 끝까지 잘난 체로 남아주길 진심으로 기대했었다.

B가 병원을 시골로 옮기는 걸 그렇게나 반대했던 나는 그가 천국 가는 것도 붙잡지 못했다.

이 못난 친구를 얼마나 기다리고 있을꼬!

스승은
도처에

입만 열면 달라고 징징거리는데도
얻지 못함이 구하지 아니함이라니……

내가 젊은 날 어느 교회 새벽기도에 처음 나간 날, 내 옆에 어느 권사님인 듯한 분이셨다.
속삭이듯 작은 소리지만 또렷하고 분명했다.
썩 믿음이 좋으신가 보다.
나는 나도 모르게 속으로 따라 외우고 있었다.
사실 나는 그때 정확히 기도를 어떻게 하는지도 잘 몰랐으니까.
한참의 시간이 지나고 그분의 기도 소리가 그쳤다.
당황하며 나도 〈아멘!〉 하고 그분 따라 벌떡 일어섰다.

그 후 장장 한평생을 명색이 믿는답시고 이어 오고 있지만, 내 평생에 모처럼 기도다운 기도는 아마도 그날의 기도였으리 싶다. 기도란 그렇게 남을 위해서도 아리고 아프게 할 수 있다는 것을 배운.

나는 지금도 두 손을 모으면 가끔 누군지도 모를 그분이 그립다.

어디까지 왔냐
당당 멀었다

〈나뭇가지는 흔들리고 싶지 않으나 바람은 그치지 않는다.〉

어렸을 때 일본 격언이라 들었다.

마치 우리의 인생처럼 얼마나 불안한 소망인가. 안쓰럽고 왠지 늘 조마조마하다.

그런데 드디어 그 바람은 세차다 못해 그만 폭풍이 되고 예쁜 나뭇가지는 찢기어 나가더니 드디어 어느 날 그대로 뿌리째 뽑혀 나둥그러졌다.

(아! 어쩐다?…)

공연히 내 마음이 삭막하고 무너져 내린다. 그러면 안 되는데…… 나무는 뿐새 있는 거목이 되겠다고 얼마나 꿈에 부풀었던가!

사람들은 그 뿌리 뽑혀 나둥그러진 나무를 보며 자괴, 자학을 한다. 자신들이 잘 지켜주지 못한 탓이라고.

사람들은 불시에 한마음이 된다.

결국 그들은 땅을 더 깊이 파고 그 나무를 다시 든든히 새로 심어줬다.

얼마의 세월이 흐르고 나무는 제 면목을 갖췄다. 언제 그랬냐 싶게 모든 주위의 사랑을 도맡았다.

이것은 기본적인 인간 정신의 순차이다. 문제는 그 모두의 선한 마음은 상처를 입었으나 그래도 다시 소망으로 거듭난 것이다.

나는 지금 나무 얘기를 하고 있는 게 아니다. 인간의 오르막 내리막 고통에서도 희망은 끈질기게 역동한다. 때로 산들산들 바람이 살랑거릴 때 우리는 얼마나 행복감을 느꼈던가.

사나운 폭풍에 뿌리째 뽑혀 나무가 나둥그러졌을 때 모두는 절망했지만 다시 희망을 찾은 것은 사람들의 〈합심〉이었다. 그 나무는 결코 혼자서는 스스로 어떻게도 할 수 없지 않은가.

그 나무를 얼씨구나 모두 땔감으로 찢어갈 수도 있었다. 찬란한 거목의 역사적 역할이 끝남은 물론 그 인간들의 삶도 너덜거리는 걸레 조각이 됐을 게 분명하다.

왜? ……

나는 지금 나무 얘기를 하고 있지 않다고 했다. 자, 사람은 언제, 어디서, 어떤 일을 만나도 역사적·영웅적 사고의 전개가 중요하다.

내가 어떤 생각으로 어떻게 살았느냐가 내 인생의 명운(命運)이 아니라 이 세상의 앞날의 명암(明暗)을 결정한다.

눈이 번쩍할 기분 좋은 사건, 사물을 보았는가.

그 안엔 그대의 공(功)이 분명 들어 있음을 기억하라.

우울한, 언짢은 일을 보았는가.

거기엔 그대의 허물[過]이 들어 있단 걸 명심하라.

무슨 헛소리냐고 코웃음 치겠지만 사실이다.

문득 어렸을 때 즐기던 놀이가 생각난다.

뒤에 눈을 감기운 사람을 앞에서 끌고 가는 사람이 있다.

뒤따라가는 사람이 외친다.

〈어디까지 와-았냐?〉

앞에 사람이 화답한다.

〈당당 멀었다.〉

좀 있다 또

〈어디까지 와-았냐?〉

〈당당 멀었다.〉

당당은 전라도 사투리 당아당아로 〈아직〉이란 뜻이다.

희한하게도 지금 내가 쓰고 있는 글의 핵심이요 요체이다.

자, 그럼 간단히 요약하자.

그대는 그대를 원치 않는 길로 이끄는 누군가가 곁에 있다는 걸 항상 조심하시라.

그대는 그대를 돕는 손길이 항상 곁에 있다는 걸 놓치지 마시라.

그리고 어디서든 합력하여 선을 이루길 원하시는 하나님의 기대를 저버리지 마시라.

당신의 길은 당아당아 멀었다.

남은 여정 부디 당신에게 축복이!!

노 패인 No pain
노 게인 No gain

　대부분 그렇듯이 나는 어렸을 때부터 멋진 외래어를 좋아했다.
　젊었을 땐 글에서 외래어를 쉽게 흘려서 어느 날 문득 글을 쓰다 말고 펜이 도르르 굴러떨어지는 현상이 일어났다. 나 자신과의 싸움에서였다.
　(형! 너 그거밖에 안 돼? 촌스럽게……)
　(그래! 아냐! 이건 아냐!)
　나는 번쩍 정신을 차리고 마음을 추슬렀다.
　그러고 물론 나는 그 후 이내 달라졌다.
　이번엔 너무 조심하다가 그만 일상어조차 외래어를 피하자니 오히려 말이 더 부자연스럽고 웃겼다.
　지금도 여기저기 노트마다 원어 금언이 많이 끄적여져 있다.

〈No pain No gain〉은 한때 내가 많이 사랑한 금언이었다.
〈고통 없이는 얻는 것도 없다.〉

왠지 늘 고통스러운 스스로를 달래며 언젠가 뜻을 이룰 그날을 위해 실로 많이 사랑했었다.

무슨 대단한 포부이길래 이리 고통스러워야 한단 말인가.

pain이 꼭 gain을 보장하는 것도 아닌 바에야 나는 지지리 미련하게도 계속 이리 헛고생(?)만 해온 셈이니 정말 팔자련가.

그러고 보니 또 눈에 이슬이 맺힌다.

왜 나는 이렇듯 평생을 미련하게만 살아왔을까? 남들은 다 편하던데…….

나는 지금도 무슨 결과와 상관없이 그냥 내가 하고 싶어서, 해야 하니까 할 뿐이다.

글쎄 어쩌자고 뻔히 알면서 헛고생을 그리 끈질기게 한평생 붙들고 있는지. 그래도 잘도 버텨준 한결같은 스스로가 기특하다 못해 기이할 따름이다.

이상히도 나는 자신의 포부를 거역할 재주가 없다. 대관절 하나님은 어쩌자고 내게 이다지 과분한 짐을 지워 채찍질하시다니, 날 기대하셔서일까 못마땅하셔서일까.

후- 날마다 용상에 앉아 신명 나는 사람에겐 얼굴도 돌리지 않으시면서 내가 괴롭거나 힘들 땐 비정하게도 날마다 박수를 치고 계신 것 같아서 말이다. 이상하게 그래도 난 별로 언짢은 기분이 아닌 게 알다가도 모를 일이다.
 내 입에서 나온 말은 언제나 한마디.
〈감사합니다. 그날을 기대합니다.〉
〈만 번 참을게요.〉
〈그날에 아버지께서 그 이유를 설명하실 것입니다.〉

 부디- 반드시, 기필코,
내 입의 감사의 찬양을 받으시옵소서! 아멘!

더러운 것이
정이라고!

나는 요즘 거의 공원 도서관에 출근한다.
깨끗하고 조용하고 시원하고……
폭염에 이만한 천국을 어디서 찾는단 말인가.
나는 전략상 특히 여름에 도서관을 잘 이용한다.

공원과 붙어 있는 우리 집이니 바로 우리 마당을 가로지르는 셈인데
나무 밑 길가 벤치에 노인들이 무리무리 앉아 있다.
꽤 오래 마치 자리를 맡아놓기라도 한 듯 제자리를 지키는 할머니가 있었다.
그분은 내가 지나가면 어김없이 날 손짓해 꼭 자기 옆에 앉히려 한다.

조금 앉은 시늉을 하다가,

〈할머니, 나 일하러 가야 해.〉

〈조금만 앉았다 가!〉

어쩜 그다지도 정스러운지 내 안에서도 정이 꿀처럼 고인다.

뭐라도 군것질거리라도 안겨줬으면 싶다.

그런데 한동안 할머니 얼굴이 안 보였다.

(어머, 어디 아프시나?)

이 사람 저 사람에게 물어봐도 아는 사람이 없다.

그리 열심이시던 분이 해가 바뀌어도 안 보인다.

돌아가셨다 싶으니 가슴이 철렁 메인다.

이미 헛짓거리인 줄 알면서도 공원에서 노인들만 보면 구석구석 찾아가 기웃기웃한다.

정말 내가 나를 모르겠다.

아무런 관계도 아닌데도 난 왜 그 노인을 그리 신경을 쓰는지.

〈고운 정 미운 정〉이야 흔히들 하는 말이지만 〈더러운 것이 정이라고……〉

나 어렸을 때 늘 듣던 어른들의 그 말을 요즘 새삼 음미하게 된다.

그 말이 비단 나쁜, 싫은 말이 아니란 걸 알 만하다. 차마 내

칠 수도 떨칠 수도 없는 끈적거린 살뜰한 정 말이다.

지금도 공원에만 나가면 두리번거려지는 스스로가 딱하다.
나는 그분이 저 하늘에서 날 내려다보지 말고 부디, 이 땅 어느 구석엔가에 살아만 계셨으면 좋겠다.

살려거든
변하라

늘 하는 말이지만 나는 얘깃거리의 고장 전라도 땅, 얘깃꾼 울엄니 밑에서 어린 시절을 보낸 걸 누구보다 다행해하고 감사하는 사람이다.

인간에게 가장 필요한 필수품이 〈말〉이란 건 두말하면 잔소리지만 이 말의 조직, 구성이 따지고 보면 얼마나 신묘막측한지 그냥 오다가다 입에서 나오는 대로 내뱉는 게 말이 아니란 건 알 만하다. 전후좌우 사방팔방이 어쩌면 그리 꽉꽉 들어맞는지 누구도 미리 계산하고 만들지 않았을 텐데 말이다.

어렸을 때 울엄니 늘 하시던 말씀.

맛있을 때 아무리 먹어라 먹어라 해도 시큰둥하더니 나중에 〈처먹든 말든〉 던져놨더니 언제 다 처먹었더라나.

써프라이즈!!

나는 그때 문득 진리를 깨달았다. 대접은 받을 만한 자가 받는 거라고. 〈먹어라 먹어라〉〈처먹어라 처먹어라〉는 분명 그 대상이 다르다.

인간은 스스로의 언행대로 대접받는 것이다.

그때의 간단한 사건은 그 후 내 인격 형성에 지대한 공헌을 했던 것 같다.

또 울엄니가 걸핏하면 하시던 말씀이 있다.

〈사람은 여우가 돌봐도 돌보는 게 있어야 살지 아무나 거저 사는 게 아니란다.〉

어머니는 시방 자신도 모르게 신앙을 부르고 계신 거다. 나는 속으로 아멘! 한다.

누구도 믿음은 자신이 얼마든지 조종할 수 있다고 생각하면 오산이다.

나는 요즘 몹시 가눌 수 없는 갈증을 느낀다. 뭔가 이대로는 아니라는 답답증이 인다. 왠지 변해야 살 것 같은 것이다.

오해 말기 바란다. 나는 지금 부끄러운 나의 영적 번아웃 상태를 광고하고 있는 게 아니다. 스스로의 보다 충실을 갈망하는 것이었으면 좋겠다.

변하자, 살기 위하여.

변해야 산다. 변해야 산다.

보다 새롭게, 충실하게……. 아멘!

거기
누구 없소

웬만하면 다 알고 있는, 심수봉의 〈백만송이 장미〉라는 노래가 있다.
전에도 가끔 그 노래가 귀를 스치고 지나갔지만 그저 그러려니 했다.

미움없이 미움없이 미움없이…
아낌없이 아낌없이 아낌없이…
백만송이 백만송이 백만송이…

반복된 가사가 우선 신나게 했다.
한참 후에야 나는 전후 문맥을 이어 노래의 내용을 알게 되었다.

걸핏하면 아무 데서나 설교를 늘어놓는 내 18번 지론 그대로인 썩 좋은 노래였다.

와아- 나는 정말 신났다.

그 가사에 심취했던 게 언젠데 엊그제 또 그 노래를 듣다가 울컥해서 나는 깜짝 놀랐다. 마른 눈에서 물방울이 떨어진다. 가슴이 터질 것 같다. 후우-

가사를 정의하면, (본래 원작은 외국곡으로 돼 있다.)

그는 처음 저 먼 별나라에서 올 때 백만 송이 장미를 피우고 오라는 명령을 받았다.

그 장미는 미워하는 미움 없이 아낌없이 진실한 사랑을 줄 때만 피어난다고 했다.

또 그 먼 길을 저를 찾아온 그 누군가와 합력해서 더 많은 꽃을 피우고 그들은 그리운 본향 저 별나라로 다시 돌아갈 거라 했다.

〈모두가 떠날지라도 이 땅에 사랑은 계속될〉 거라니 이 얼마나 다행한 노릇인가.

자, 이상은 예외 없이 우리 모두의 사명이란 걸 공감하지 않을 사람이 누구랴만, 나는 뜻밖에도 괴상한 기쁨으로 들떴다.

이미 마른 나뭇등걸이 되고 만 나의 어느 구석에 그런 정감이 살아 있더란 말인가.

(아, 나는 아직 살아 있구나!)

분명 그 노래는 사람의 간장을 녹이는 애절한 연가도 아니요 특별한 대상을 두고 호소하는 절규도 아니기에 나는 떨고 있는 내 감정이 더욱 소중했다.

무엇보다 그것은 내가 어디서나 강조하는 18번 내 밑천이요 인간의 기본철학, 종교의 근간(根幹)으로, 아니 그만큼 우리 인간의 존재 이유이기 때문이다.

설사 이 노래를 듣고 나처럼 반응할 사람이 많지 않더라도 무방하다.

단 한 사람이라도 어디 얘기해보자며 내 앞에 나서준다면 나는 이 밤 그와 백만 송이 얘기꽃을 피우리라.

주판
놓지 맙시다

나는 요즘 일상에서 왠지 보태기 빼기가 영 서툴다. 아무리 늙었기로 이상하게 버벅대는 꼴이 우습다 못해 염려스럽다.

늙었으니 무슨 전조 같아 걱정되지만, 정신없는 건 요즘 젊은 애들이 더한 것 같아 그냥 넘긴다. 문제는 어렸을 때 내 별명이 계산기였다는 것이다. 그러니 셈법의 기초인 보태기 빼기로 어리바리하다니 염려가 되면서도 웃어넘긴단 말이다.

어릴 적 주판을 배울 때였는데 선생님은 꼭 매번 암산을 곁들였다. 그게 무슨 커리큘럼인지 알 바 없었지만 우리는 이것저것 열심히 했다.

암산이야 한두 문제일 땐 누구나 잘했지만 선생님은 둘, 셋, 넷……으로 점점 늘려갔다. 갑자기 모두는 벙어리가 되었고 나 혼자서 판쳤다.

누구에게 배운 바도 없건만 나는 자동적으로 허공에 두 손가락으로 주판을 놨다. 문제가 너무 많을 때야 범벅이 되지만 몇 문제 내일 땐 진짜 주판을 들고 있는 듯 뚜렷했다. 친구들이 그것을 알았다.

어느 시간 난데없이 누군가

〈주판 놓지 맙시다!〉

소리쳤다. 덩달아 여기저기서 합창했다. 몹시 심통이 났던 모양이다.

선생님이 눈이 똥그래져 호통치셨다.

〈뭐? 주판? 누가 주판으로 했어?〉

(헛! 기가 막혀…….)

〈빨리 합시다!〉

이번엔 내가 큰 소리로 외쳤다.

모두 그 위압에 눌린 듯 조용했다.

요즘 사람들, 주판알 굴린다는 말이 유행이다.

이해타산을 쥐어짠다는 말이다.

어떻게 해야 더 유익이 될까.

그것은 꼭 어느 특정한 분야에서만이 아니다. 헤아릴 수 없이 널려 있는 문제마다 마찬가지다. 부모자식 간 아니라 죽고 못 사는 애인끼리도 아무리 말이야 아름다워도 어디에나 계산은 암약을 한다.

　세상이 어둡고 혼란한 것은 결국 모두 그 때문이다.

　그렇다면 어떻게 정화시킬 것인가?

　그것은, 내가 밑지는 것이 곧 축복이란 걸 가르치는 것이다.

　〈주라! 사랑은, 믿음은, 주는 것이다!〉

　사방에서 외친다. 그러나 누구도 왼눈도 깜짝하지 않는다.

　저런! 전에 내가 많이 들었으니 아무래도 내 몫인가 보다.

　〈여러분! 주판 놓지 맙시다.

　특히 믿는 분들 주판 놓지 맙시다!〉

　누가 듣지도 않는데 목만 아프다.

　그래도 나는 계속한다.

　사랑은, 믿음은, 주고주고 또 주는 겁니다.

　그러나 결코 빼앗기진 맙시다. 빼앗는 자는 마귀이기 때문입니다.

　자신의 계산 착오를 선심인 양 포장하지도 맙시다.

　여러분! 주판 놓지 맙시다!

　주판은 옳고 그름을 모릅니다.

　주판 놓지 맙시다.

　주판 놓지 맙시다…….

모두가
작가

나 어렸을 때 우리 동네에 욕쟁이 할머니가 있었다.

본인은 뜻도 모르고 하는 거였지만 대충 내 짐작으론 부드러운 농담욕은 결코 아니었다.

그런데 온 동네 사람들도 덩달아 마치 일상처럼 여기저기서 같은 폼이었다.

유심히 들어보니 그게 순 숫자놀음이었다. 재미있었다.

내가 따라 흉내 내다가 아버지한테 회초리를 맞은 적이 있다. 말이란 아무거나 따라 하는 게 아니라고. 회초리야 걸핏하면 아버지 특권이셨지만 나는 그 숫자놀음이 신기하고 재미있기만 했다.

〈**하나**마나한 얘기 집어치워!〉

〈**칠칠**치 못하게 한다는 짓마다……〉

〈**팔**자 한번 드럽네〉

〈왜 **구**시렁거려?〉

〈**십**장 숨 넘어간다.〉

여기서 주목할 점은 동네 사람들이 주로 애용하는 이 대목이다.

〈**이 삼사**대 원수 **오**사(誤死) **육**시(戮屍)랄 놈아!〉

아주 잔인한 폭언이지만 (제 자식에게도 마구 퍼댔다.) 아무도 언짢아하는 사람이 없는 것이다. 알 수 없는 노릇이었다. 왜 그 진한 욕이 기분 나쁘지도 않은지.

아무래도 우리 동네 사람들은 문사 출신 후예들인 것 같다. 어휘 구사력이 너무 특출해서 말이다.

어느 날 나는 숫자욕 놀음을 생각하다가 같은 식으로 기도를 하고 있었다.

〈**하나**님!

이 악한 **세**상을 어쩌실래요?〉

〈**네**가 힘쓰라꾸나.〉

〈**오**! 노우- 정신은 실종되고

육만 기성한데 어찌

205

칠칠치 못한 제가 감히…〉

〈**팔**자로 타고났다면?〉

〈어머, 하나님이 어찌 그런 말씀을?…〉

〈이놈아! 네가 시방 숫자놀음하고 있잖어. **구**시렁거리지 말고 하라면 해!〉

〈그래도…….〉

〈네들 팔자라면 찔려도 사명이라면 변명하려 들 게 뻔한 게 네 수준이거든.〉

〈야아- 과연 하나님이시네. 우리 **십**장 까무러치시겠다.〉

하하…… 어이가 없었다. 나는 뭐라고 지껄인지도 모르고 웃고만 있었다.

그리고 한참 후 정색하고 나는 다시 이렇게 고쳐 썼다.

나의 **하나**님!

뭐든 **둘**째가라면 싫어한 내가

세상에서 가장 사랑받는 당신의 딸이라니요

네네, 맞습니다.

오늘도 내일도 당신만을 찬양합니다.

그런데 요즘 **육**신이 말을 잘 안 듣네요.

칠보단장 아무리 요란해도

팔려갈 일도 없는데

저 **구**만리 장천에 떠 있는
십자가만 길이 바라고 살겠습니다요.

부자전승父子傳承의
축복

　부모를 공경하고 형제간에 우애하고……
　어렸을 때 듣다가 뼈친 공자의 18번 특강이라고 아무 데서나 줄줄 외웠다.
　누구나 당연한 도덕적 가치로 마땅히 익혀야 할 덕목이었고 너무 익어선지 아무 맛도 멋도 없었다.
　그런데 한참 후 그게 공자 말씀이 아니라 바로 성경 말씀이라고 나오는데 어이가 없었다.
　나는 절대 공자의 전매품이라 우겼다. 무식하게 여태껏 유교의 근본 사상도 모르느냐고.
　내가 교회를 나가고 한참 후에야 그게 하나님이 선포하신 인간애의 첫째 계명이라고 배웠다.
　아무리 생각해도 어떻게 공자와 예수가 같은 사상으로 생을 누리는지 알다가도 모를 일이었다. 한 수 더 떠서 성경은 그 계명을 지켜야 네가 복받고 땅에서 장수하리란다. 어머야! 공자는 쨉도 안됐다.

자, 그다지도 오매불망 복받고 장수하기를 바라고 또 바라던 인간들은 그래 시방 어쩌고 있는가?

형! 대부분 콧통을 퉁기며 들은 척도 안 한다.

지겹도록 너무 많이 들어서일까?

희한하게 저는 안 해도 자식에겐 받아야 될 모양인가.

내 아는 친구 조카가 결혼을 했다. 잘살고 엄마가 몹시 귀애하는 막내였다.

엄마가 이 좋은 집 너 줄 테니 우리 같이 살자고 유혹했다.

아들은 일언지하에 나 집 필요 없다며 나가버렸다.

모두들 어안이 벙벙했다. 여러 말 필요 없이 이웃집 할머니라도 그리 예뻐했거늘 단칼에 그럴 수는 없는 터였다.

아들은 형들이 있는데 왜 하필 나냐고 당연하게 털어버린 것이다.

듣거나 말거나 또 강의를 해야 할까 보다.

치매에 걸려 정신이 나간 경우 말고는 중풍 걸려 벽을 등에 업고 있어도 부모는 제 밥값을 충분히 하고 있다는 교훈을 불가불 재강조하지 않을 수 없겠다. 시방 낳아주고 길러준 은공

따위 도리 얘기가 결코 아니다. 부모는 언제고 거저 얻어먹고 있지 않다는 것이다. 의식이 있는 한 부모는 자식을 위해 쉬지 않고 기도하는 존재라는 걸 누가 부인하는가. 천상천하에 누가 날 위해 그런 기도를 해줄 사람이 또 있는지 한번 찾아보길 바라겠다. 있다면 지금 내 얘길 무시해도 좋다.

이것은 여담이지만, 우리 둘째가 중학교 때였다.
아이가 좀 심약했다.
어느 날 엄마더러 제가 부반장을 하겠다는 것이었다.
〈뭐? 1등이 부반장?〉
그러나 곧 나는 알아들었다. 아, 이를 어쩌?
〈까짓거 네 맘대로 해.〉
그 뒤, 나는 작심하고 아이에게 웅변을 시켰다.
뭐든 순종하는 애라 시키는 대로 잘했다.
웅변대회 날이 되었다. 내가 당시 들은 바로는 그리 심약한 애들은 만약 만좌 중에 실수라도 한 번 하면 다시는 좌중 앞에서 입을 못 열게 되는 수도 있다고 했다. 일리 있는 말이었다.
이제 내가 벌벌 떨었다. 괜히 웅변시켰다고 땅이 꺼지게 후회막급이었다.
아이가 차례가 되어 단에 섰다. 웅변이란 단에 서면 누구나 실수할 수도 있다.

(그러나 애만은 안 돼!)

나는 두 손을 맞잡고 머리가 터질 만큼 힘을 주어 눈 감고 기도했다.

아이는 끝나고 하단했다. 잘했다.

나는 비로소 눈을 뜨고 두리번거렸으나 어떻게 된 게 두 손이 붙어 떨어지질 않았다. 아무리 해도 길이 없었다. 어떻게나 손에 힘을 주었던지 손을 뗄 힘이 없었던 것이다. 와- 이런이라니…….

나는 그때 새삼 느꼈다.

(이것이 에미다!)

이 세상 어느 누가 이런 흉내를 낼 수 있단 말인가.

어떤 표정을 하고 있어도 부모는 똑같다.

자, 여러분! 진정 복받고 싶은가.

또 재방송이다.

기독교가 사제전승, 부자전승의 축복의 종교란 걸 아직도 모른단 말인가. 목자가 양에게 부모가 자녀에게 복을 빌어 이어준다는 것 말이다. 그것을 인간의 첫 계명으로 강조하신 하나님은 무엇을 기대하셨을까?

어리석은 백성은 여전히 그냥저냥, 그럭저럭 저 좋을 대로 살아가고 있지만 지혜자, 복 있는 자는 옷깃을 여민다.

옳다. 네가 진정 원하는 것이 무엇인지 다시 한번 돌아보라!

윤리, 도덕은 유교의 전유물이 아니란 걸 다시 강조한다. 생명의 나침반이라구.

내가
해야 할 일

나는 젊었을 때부터 영국의 대처 수상 아버지가 대처에게 했다는 말이 그대로 내게 좌우명처럼 새겨져 있다.

대처가 어렸을 때 식료품 가겟집 딸이었다는 것은 익히 알려진 사실이다. 엄마가 잠깐 가게를 비운 사이 대처가 나와 있었는데 친구들이 놀자고 데리러 왔다. 난처해하고 있는데 마침 그때 그 아버지가 던진 한마디,

〈나는 내 딸이, 남들이 무엇을 하느냐가 문제가 아니라 내가 지금 무엇을 해야 하느냐를 알아차릴 수 있는 사람이었으면 좋겠다.〉

그 한마디가 훗날의 대처를 만들어냈다는 일화다. (그 아버지는 나중에 인근 지역 시장을 지낸 인물이다.)

그게 뭐 그리 대단하다고 가슴에 총 맞은 듯 나는 그때 왜 그

렇듯 들떠 있었을까?

　대처처럼 대단한 인물도 못 되지만 그 스토리를 접수한 날로부터 분명 나는 사람이 달라진 것 같다. 그녀의 아버지의 말은 사람들이 늘 뇌까리는 평범한 말 같지만, 그러나 그것은 엄청나게 귀한 두려운 말이었다. 그냥 건성으로 들어넘길 말이 결코 아니었다.

　나는 누가 뭘 하고 뭐가 되는 것에 대해선 전혀 관심이 없는 사람이다. 그것은 그가 알아서 할 일이요 나는 내가 뭐가 하고 싶고 해야 할 것인가만 내 몫이기 때문이다. 혹 가다가 내가 뭘 실수했거나 남에게 해코지만 되지 않는다면 나는 그런 데엔 만고에 편하다. 그런데 어쩌자고 그 내 몫, 내가 뭘 〈해야 할〉 것인가에 대한 문제는 평생을 나를 짓눌러 왔다. 왜냐하면 그것은 내 의지로 내가 작정한 것이 결코 아니기 때문이다.

　세월이 가면서 나는 나도 모르게 의식이 기독교 사상으로 조성되어져 갔고 대처 아버지의 말은 그대로 우리 아버지의 말이 되어 나를 받치고 있었다.

　나는 지금도 내가 하는 일이 남에게 어떻게 보여질지, 훗날 어떤 평가로 보람이 있을지 따위엔 전혀 관심이 없다. 아마도 나 아니면 아무도 안 할, 못 할 것이기에 내가 해야 될 모양이라 여긴다.

가령 그것이 청소, 빨래 같은 일상적인 것이라면야 닥치는 대로겠지만 나는 이따금 영문도 모를 문제인데도 웬지 내가 모른 척하면 안 될 것 같은 압박감에 벌벌 떨 때가 있다. 도대체 말이 돼야 말이지.

슬그머니 두 손을 모은다.

내가 그것을 해낼 자신은 없지만 성령께서 도와주셔서 꼭 좀 해내게 해주십사… 기도한다.

(꼭 해내게?… 왜?…)

글쎄, 뭐라고 따로 설명이 안 될 만큼 기이한 현상이다.

나는 오늘 이 불가사의한 시추에이션을 제대로 한번 해부해보고자 펜을 들었으나 차라리 여기서 이만 접기로 한다. 하나님이 각별히 각자에게 맡기신 일을 작든 크든 각자가 자기 식대로 받아 감당해야 할 뿐 따로 공식이 없잖을까 싶어서다.

벌써 알아들었다는 표정인걸 뭐.(웃음)

자, 우리들의 가장 편리한 무기를 원용하자.

〈믿고 맡기고 기다리라.〉

기도하면 반드시 기쁨과 감사로 인도하실 것이다.

깨워줘야
깨어난다

　다른 이도 그러겠지만 나는 전철역 유리벽 시에서 많은 영감을 받았다. 주로 소위 시민공모작이란 것이었다.
　시 자체는 지금껏 일반적인 인식과 좀 거리가 멀었지만 내겐 유난히 마음에 합했다. 내가 요즘 명색 시랍시고 끄적이는 것과 사촌이라서 말이다.
　어느 날 내가 전철역에서 처음 그 시를 발견했을 때 하마터면 땅에 엎어질 뻔했다.
　글쎄 지금 생각하면 꼭 그럴 것만도 아니었는데 왜 그랬는지 모른다.
　〈아침이 오는 이유〉
　밤새 별들이 쉼 없이 깜박깜박 어둠을 주워먹어 버렸기 때문이란다.

히! 기가 막혀! 세상에 명시야 쌨고 쌨지만 어떻게…… 정말 이지 난 홀딱 반해버렸다.

그 뒤 나는 환승역마다 꼭 시간을 내서 끝에서 끝까지 벽을 훑는 새 버릇이 생겼다.

그러다 맘에 드는 걸 하나라도 건지면 그렇게 뿌듯하고 기쁠 수가 없다.

역시 시민공모작인가 보다.

밤하늘엔 수억의 별들이 반짝이고 있지만 그렇다고 그들이 모두 우리 눈에 비치고 있는 것은 아니다.

우리 눈에 들어오는 별들은 소수다.

별마다 행여 저는 안 비치는 건 아닌가 고민할 필요는 없다. 내 안에 빛을 담고 있는 한 내가 곧 빛이니까.

와- 이건 숫제 숨통을 막아버리는 것 같았다.

그렇다. 나는 빛으로 내 할 일 했으면 됐지 구만리 밖 사람들이 보고 있는 것까지 걱정할 건 뭔가.

꼭 쓸데없는 헛걱정에 묻혀 사는 내 꼬라지 같아 한심했다.

사람이 곧고 의연하지 못한 것은 자신의 미흡, 미급함을 자인하는 것일진대 과감히 자기탈피, 자기탈출하지 못하면 살아남지 못할 게 뻔했다.

드디어 이 교훈은 나를 자극했고 채찍질했다.

나와 무관한 사람들까지의 인정(認定)이 무슨 필요인가…. 굳이 문제라면 내 빛을 받고도 눈 감고 있는 사람이 문제지.

또 도벌꾼에게 베임당한 거목의 탄식 등 재미있는 게 많았다. 주로 미려한 언어로 노래한 재래시들에 비해 분명 나에겐 새로운 도전이었다.
  나는 지금껏 어떻게 내 시를 시라고 내놓을까 걱정이었는데 용기가 생겼다.
  애당초의 목적대로 부디 누군가의 자는 영혼이 깨워지이다! 오늘도 염치없는 간구로 설렌다.
  인간의 영은 무엇인가가 깨워줘야 깨어나지 저절로 깨어나진 않으니 말이다.

  죽고자 하면 살 것이요
  살고자 하면 더 잘 살 것이니
  어차피 살 바에야 우리 사람답게 살자구요.

이해와
오해

늘 하는 말이지만, 정말 말처럼 신묘막측한 것은 없다. 마치 천재가 완전히 계산 맞춘 조형물처럼 언제 어디서도 말은 아귀가 맞아떨어진다.

물에 빠진 자를 건져주니 〈내 보따리!〉 했다.
갑자기 빈 몸이 되니 저도 모르게 나온 소리.
당연하지 그게 뭐 어떤가.
내 보따리 내놓으라 했다는 말은 오해의 작품이다.
이해와 오해의 역할, 진척, 분포 또한 복잡하다.
오늘은 두 조직 생태를 한번 분석해보기로 한다.

2해와 5해.

2는 태생이 1을 추구하고 지향한다.

항상 1이 궁극 목적이다.

흔히들 그걸 진보 발전을 위함이라고들 이름한다. 미화다. 오히려 그래서 안으로 움츠러들고 옹졸하게 조여드는 코스 아닌가.

뭐든 이해가 잘 안 되는 이유다. 더 내려갈 데가 없으니까.

5는 오대주 육대양을 향해 활짝 팔을 벌리고 기염을 토한다.

거칠 것이 뭔가.

제멋대로 설치니 조정이 불가능하다.

2해가 쉽지 않으니 5해가 되는대로 들이받고 요동치는 세상이 될 수밖에.

그래서 자고로 인류 역사에 창조주가 수없는 현인(賢人)을 이 땅에 보낼 수밖에 없었던 것은 마지막 심판 때까지 세상 유지를 위함이었다.

자, 그러니까 2해는 확장, 5해는 축소를 위한 덕목만이 온당한 비결이란 것이다.

그런데 그 조정이 그리 가능, 용이하던가.

2해는 밖으로, 5해는 안으로 그 방향을 바꾸면 되는 것이언만 한사코 그 둘은 현상을 고수한다. 하여, 종교, 교육, 문화가 시방 무던히 몸부림치며 애쓰고 있는 것 아닌가.

사람이 제멋대로 5해를 휘두르면서 어쩌다 가끔씩 인심 쓰듯 2해의 깃발을 나부끼면 그렇게 감동 감탄 기특할 수가 없는 것이다.

누가 뭐라건 평소 나의 18번 지론대로 결론 지어보자.
〈사람아, 우리가 얼마나 2해가 부족한 존재인지 자그마치 나 대고 스스로 부끄러워하자.〉
그러면 누구에게도 5해가 없을 것이다.

최고의
스승

어느 때고 시대의 흐름이란 별수없이 휩쓸릴 수밖에 없지만 그렇다고 반드시 추종해야 할 의무도 없을 것 같다. 정도(正道)가 아닌 것이 얼마든지 있기 때문이다.

요즘 일상에선 노인을 거의 사람 속에 넣지도 않는다. 병원에서도 환자가 궁금해서 뭘 물으면 의사는 대부분 일축한다. 보호자일 땐 한두 마디다. 기가 막히다. 궁금한 건 노인 당사자요 그렇다고 엉뚱한 헛소리도 아닌데 말이다.

얼마 전 어처구니없는 일이 있었다. 외출에서 들어오는 길에 공원 벤치에서 좀 쉬고 있는데 두 여자가 지나다가 합류했다. 노골적으로 놀라는 모션으로 나더러 멋있다며, 그때가 여름이라 챙 넓은 모자를 썼는데 예쁘다며 호들갑을 떨었다. 거기까진 좋았다.

어머! 따님을 잘 두셨나 보다며 부럽다는 시늉이었다. 어이가 없어 속에서 욱- 하고 뭐가 치밀어 올라왔다.

(형! 넌 네 아들이 꾸며주냐. 난 딸 없거든.)

어떻게나 심사가 뒤틀리는지 꼭 세련된 딸에게 감사하란 당부 같았다.

기분 나쁠 게 뭐랴만 늙은이는 제 옷도 못 찾아 입는 칠뜨기로 보는 게 역겨운 것이다. 자기네보다 더 나은 시절을 지내온 사람이 얼만데 대실수였다. 아니 무조건 늙은이 비하가 싫은 것이다.

치매나 정신병을 앓고 있지 않는 한 노인이 그렇듯 하대당할 이유가 없는 것이다. 그런데 오늘날 대체적인 시류는 거의가 그렇다. 바로 내가 오늘 각별히 지적하고자 하는 포인트다.

〈집안에 노인이 없거든 빌리라.〉

이는 그리스 격언으로 알려져 있다. 무슨 말인가?

도대체 사람들은 무엇을 어디서 배우는지 묻고 싶다. 책에서, 스승으로부터, 자연 사물에서……. 학교 선생님만을 스승으로 여기는 요즘 세대가 문제다.

배움이란, 대상을 가릴 것 없지만 제대로 된 노인에게서 제대로 배우는 것도 효과적인 교육이란 걸 헤아려봤으면 싶다.

〈노인 하나가 죽는 것은 도서관 하나가 불타 사라지는 것과 같다〉고도 했다.

이치적으로 생각해보자. 모르는 것을 듣고 가르치는 것도 좋지만 아는 것을 아는 대로 가르친다면 더 쉽게 소화하지 않겠는가.

치매에 걸리지 않는 한 중풍 맞아 벽을 지고 앉아 있어도 그 부모의 축복이 그 누구의 기도보다 유효하다는 걸 논급한 적이 있다. 같은 이치다. 기왕 배우려면 뭐든 선배에게서 제대로 배우라. 어떤 의미로든 노인은 대접받아 마땅하다. 이 세상의 그 어떤 것이 노인과 상관없이 되어져 있단 말인가.

믿을 만한 노인이 어디 있거든 정말 빌리라. 모셔라.

우리나라 노인 정책이 잘돼 있다고 모두들 이구동성이다. 감탄, 자랑할 만하다. 그런데 우리나라 노인 고독사율이 세계 1, 2위라니 그건 또 무슨 말인가.

정말 세상은 요지경 속이다.

꼭 1류 학교의 1류 선생이 훌륭하다고 누가 정의했는가. 그대를, 〈사람답게 되려고 애쓰는 사람〉으로 만들어준다면 그가 1류 선생이다.

오늘, 세상이 너무 좁아서 노인들을 한사코 골방으로 몰아넣는가?

사람과
인간人間

 사람은 참으로 맹랑한 동물이다. 누가 〈자네 동생이 자네보다 잘생겼대〉 하면 기분이 별로란다. 그런데 〈자네 아들, 자네보다 훨 낫대〉 하면 입이 옆으로 길게 찢어진다. 이게 어느 특정인의 경우만이 아니라 대부분의 사람이 그렇다는 것이다.
 무슨 말인가?
 세상의 평가는 관계성으로 저울추가 기운다. 그러니까 매사 정반의 논리 따라가 아니라 관계의 추이에 따라 맞춰 사는 것이 보다 현명한 삶이란 말이다.
 금방 동의한 논리에 간단히 가변이 오는 이유는?
 관계성의 변이 때문이다. 가령 아까는 몰랐었지만 지금 관계를 알고 난 후엔 상황에 동의할 수 없음이 당연하다. 본래 세상엔 불변의 절대 가치란 없다.

자, 이제부터는 용지법이다. 어제의 내 말은 이미 내 말이 아니어졌다. 그렇다고 내 탓일 수도 없다. 이 뒤죽박죽 얽힌 난장판은 그래 무엇으로, 어떻게 수습될 것인가.

지금 그것은 모두 사람들의 경우다.

자, 〈사람〉은 개, 돼지, 소…처럼 생물학적 분류에 불과하다. 그리고 사람은 다른 동물처럼 그렇게 단순하게 그냥 생긴 대로 살기를 희망한다. 물론 사람은 애당초 생체구조가 다른 동물과 다르게 피조되었다. 다른 동물들과 똑같을 수는 없지만 〈사람〉은 얼마든지 단순한 그쪽을 더 원한다. 그런데 사람은 자기의지와 상관없이 관계성의 존재로 피조되었는 걸 어쩌랴.

하등동물은 본능으로 살지만 고등동물은 관계의 의지로 삶을 부지한다. 인간이 고등동물인 예증이다. 인간이 개체의 본능으로 살지 못하도록 피조되었단 말이다.

생태계가 자연적으로 유지존속되는 것은 인간 때문이란 해답이 자동적으로 도출되어 있다.

다시 말해 인간은 〈관계〉가 생명이다. 그래서 '人間'이다. 인간이 본능으로 살 수 없도록 장치되어 있는 예증은 얼마든지 많다.

왜인가?

그것은 생태계를 살리기 위해서다. 인간은 주관자(창조자)의 섭리대로 살아야 하는, 곧 진리의 수호자들이란 말이다. 그래서 우리는 때로 하기 싫어도, 원하지 않아도 당연하게 기쁨으로 해야 한다. 아니 해내지 않으면 안 된다.

착잡한 갈등과 원치 않는 상황 때문에 때로 인간은 너무도 피곤하다. 위로를 찾는다.
저도 모르게 안타까이 돌파구랍시고 급기야 엉뚱하게도 황희 정승을 불러온다.
〈네 말이 옳도다…….〉
어쩌면 애당초 그 말을 듣고자였겠지만 면구하다.
〈허유! 그리 쉽게 말씀하시면 민망해 어쩌라구요.〉
〈그 말도 맞도다…….〉
하하…… 한바탕 깔깔거리고 나니 새 힘이 솟는다.
결국 나는 〈인간다운 인간〉이 돼야만 내 몫이 끝난다. 곧 모든 관계를 아름답게 가꾸는 것- 아름답게…….
어느 동물이 그것을 할 수 있겠는가. 그러나 나는, 우리는, 할 수 있다. 해내야 한다.
만물의 영장 인간(人間)이니까.

울엄마

　나는 평소에 나의 글에서 명언을 많이 인용하는 편이어서 누구는 그게 탐탁지 않을 수도 있겠지만 누구는 퍽 좋아하는 것 같다.
　엄청 글을 많이 읽었다고 푸지게 점수를 주는가 하면 어떻게 그리 적시적소에 그걸 끼워넣느냐고 진심으로 치하한다.
　내게 그만큼 감동으로 왔으니 전하는 거야 당연하지 않겠는가.
　자, 지금껏 내가 한 무수한 인용 중에서 오늘은 진정 자랑하고 또 강조하고 싶은 명언 중의 명언을 소개할까 한다. 아니 〈소개〉라기엔 새삼스러운, 모두들 너무 익히 알고 있는 일상사다. 어쨌든 내 일생에 주워들은 말들을 다 곱해도 이런 멋진 말은 아마 앞으로도 또 없을 것 같은 〈울엄마〉 칭송이다.

그러게!

한시도 앉아 있을 참 없이 종종거리고

추운 겨울에도 맨발이 일쑤.

옷 하나 제대로 갖춰 입지 않고도 못 가는 데 없고

(밥이 좀 적겠다 싶으면) 금세 하품을 하며

속이 안 좋다고 끼니때면 행방불명.

아아- 지지리 궁상만 떨던

천하의 천덕꾸러기 울엄마……

그래도 식구들은 누구 하나 관심도 없고

모든 건 그저 당연하기만 했었쟈.

희한한 글줄이 눈에 들어온다.

〈엄마는 그래도 되는 줄 알았습니다.〉

부랴부랴 뒤져보니 강원도 출신 여류 시인의 시집이었다.

히야- 정말 명언이로고!

그런데 그녀는 곧 이를 정정했다.

〈엄마는 그러면 안 되는 것이었습니다.〉

(아무렴! 안 되고말고. 절대로- 절대로 안 되지.)

하하하…… 하하하…… 하하하……

왜 하니 그렇듯 신나게 웃어댔는데 눈물바다가 됐을까?

그런데…… 그런데…… 도대체, 누가, 어쩌자고 그것을 어떻게 그녀에게 가르쳐줬단 말인가. 그러면 안 되는 것이었다고….

어떤 환경의 사람이었건 이 시 앞에서 제 엄마를 목놓아 부르지 않을 사람이 있을까?
그렇다.
아아- 누가 울엄마를 내 앞에 다시 모셔와 나로 이 천추의 한을 풀게 할 것인가. 누가, 누가, 누가…….

그냥 덮기가 송구하니 몇 자 덧붙이자.

울엄마는 이 세상에서 가장 초라했지만
가장 위대했습니다.
날마다
우리를 울리고 웃기고
세상 끝날까지 추앙받으실 것입니다.

내 고향은
삼척

친구가 밑도 끝도 없이 내질렀다.
〈무슨 말야. 네 고향이 삼척이라며?〉
〈헛! 무슨 자다가 봉창 트는 소리?〉
〈그러게. 난 요즘에야 들었어.〉
〈그래서?〉
〈네가 무슨 글을 썼다며?〉
〈글이야 내 일인데 뭐. 왜?〉
〈난 전혀 모르는 소리라서…… 너 언제까지 삼척 살았어?〉
〈가본 적도 없어.〉
〈아, 부모님 고향이로구나.〉
〈거 어지간히 끈질기네. 그럼 내 글을 읽고 얘기해.〉
〈글쎄, 이제야 들었는데 개도 글은 안 읽었나봐.〉

〈누군데?〉

〈너 모르는 애야.〉

〈하…… 호……〉

한참을 깔깔대고 나니 괜히 기분이 좋아졌다.

그러니까 옛날, 아주 옛날- 호랑이 담배 먹던 태평성대는 아니었지만 지금 생각해도 가슴에 욱- 하고 뭉치가 올라오는 70년대. 〈내 고향은 삼척〉이란 글을 쓴 적이 있다.

어찌 안 그럴 수가 있었겠는가만 어떻게나 논조가 강하던지 후환이 두려워 곁에서들 만류해서 발표하진 않았는데 모두 공감해 입에서 입으로 노래가 되어 흥얼거렸다.

그러니까 지금 누군가도 제목만 들은 모양이다.

나는 지금도 걸핏하면 글로 고향 자랑을 잘한다. 말씨야 어지간히 창피할 만큼 촌스럽고 투박하지만 유난히 사람들이 밝고 따뜻하고 정스럽다. 흔히 내 글을 재미있다고들 하는데 그것이 우리 고향 말투다. 그것은 어쩌면 그 지옥 같은 세상을 숨통을 틔고 살아남는 데 일조했을 게 분명했다.

한 사람을 누르기 위하여 호남 사람들은 누구나 무조건 한 무더기로 쓰레기통에 폐기돼야 했던 천불 나는 시절이었다. 어디를 향해서도 숨을 내뿜을 수 없는 데야 그래도 그대로 찌그러져 죽느니 차라리 악다구니를 쓰면서라도 뚫고 일어나야

하지 않겠는가.

나는 세상의 강퍅한 언어들을 총동원하여 압박하는 자들을 힐난했다. 우리가 무슨 죄냐. 어디 해보자고-.

그때 내가 챙긴 무기는 내겐 적합하지 않은 엉뚱한 꼴불견이었지만 분명 문젯거리였다.

꼿꼿이 고개를 쳐들라.
기죽지 말고 가슴을 활짝 펴라.
어디 누구든 덤비라며 한껏 가진 척- 잘난 척- 아는 척-을 당당하게 내쏘라!!

내가 이리 담대하게 나오니 모두들 의아해했다. 인간은 강자에게 약한 법이라선지 이상하게 모두들 힘을 내어 동조했다. 야릇한 멜로디를 붙여 노래까지 만들었다. 소위 삼척가(歌)다. 하······

글쎄, 정치와 아무 상관이 없는 내가 이희호 여사와 가깝다는 이유로 가끔 뒤에 그림자가 따라다녔으니 다른 사람은 오죽했겠는가.

호남은 본래 역사적으로 반골이다.

그것이 피인지 뭔지 나도 생태적으로 반골인 모양이다. 내가 무조건 싫은 사람이 야당 거물이랍시고 깝죽거리더니 어느새

여당 간 사람이다. 그런 사람은 눈으로 보아주기도 아까워 고개를 돌려버린다.

그때 내가 작심하고 쓴 항변의 글은 썩 걸작이었으나 너무 강해 결국 폐기해야 했다.

〈내 고향은 삼척〉
지금 읊조리니 몹시 감회가 새롭다.

리커버 Recover

지난해, 교회에서 기도원 단체 방문에 합류했다가 깜박 잠바를 차에 두고 내렸다.

몹시 아끼는 옷이었는데 난감했다. 그 여러 차 중에서 몇 호차 누가 운전자인 줄도 모르지, 어쩨야 좋을지 궁리하다가 두어 주 뒤에 기대하지도 않고 교회 교무처에 들러 여직원에게 경위를 설명하고 방법을 구했다.

드디어 한참 만에 여직원이 어디서 내 잠바를 가지고 왔다. 와— 이뻐라!

(아, 시스템이 썩 잘돼 있구나.)

나는 정말 천하의 그 어떤 보물보다 더 반갑고 기뻤다. 잃어버린 물건을 찾은 게 어디 한두 번이었으랴만 왜 나는 그 옷이 그리 감격스러운지 몰랐다.

자, 문제는 그다음이다.

그때 내가 드린 기도는 지금껏 내가 평소에 별로 뇌까려본 적이 없는 정말 일품이었다.

아버지! 왠지 전 요즘 제게 꼭 있어야 할 것들이 어딘가로 빠져나가 없어진 듯한 느낌입니다.

별것도 아닌 헌 잠바 하나가 왜 이다지 기쁘고 반가울까요?

저는 분명, 저의 내적(內的) 필요불가결한 것들을 많이 잃고 살아온 것 같습니다.

아버지! 반드시, 꼭, 다시 다 되찾아 이리 허전한 자신을 보다 더 충실하게 해주셨으면 좋겠네요.

부디- 다 잃고도 무감각하게 살아온 무기력한 삶을 당신의 사랑과 능력으로 재충전 재무장하게 해주셔요.

〈리커버! ……〉

아버지! 이대로는 안 됩니다.

저는 새로워져야 합니다. 분명 저는 지금 잠바보다 몇백 배 소중한, 그 기특한 초심을 되찾아야 합니다.

〈리커버, 리커버, 리커버……〉

열을 내어 악을 쓰던 나는 펑펑 울고 있었다.

찾아주세요. 제발 찾게 해주세요.

잃어진 나를 찾아야 합니다. 찾아야 합니다…….
이번엔 우는 게 아니라 환히 웃고 있었다.
그리고 하루 종일 연신 감사를 외쳤다.
꼭 실성한 사람처럼.

굼벵이도
뒹구는 재주로

〈우리는 누군가의 불행에서 뭔가 불유쾌하지 않은 것을 느낀다.〉

이것은 젊었을 때부터 내 가슴에 박혀 있는 명언이다.
누구의 어떤 글에서였는지 그동안 긴 세월 아무리 찾아 헤매었으나 아직까지 찾지를 못하고 있다.
이 말은 자칫 오해할 소지가 있어 조금은 설명이 필요할 것 같다.
얼핏 〈뭔가〉라는 수식이다. 그러니까 남의 불행이 뭔가 〈불유쾌하지 않은〉 것이 유쾌상쾌의 심통이 아니라는 것이다.
나 혼자 끓고 사는 것 같았지만
(아! 남들도 다 그다지 행복한 것만은 아니었구나! 그보단 내가 더 낫

잖어.)

 후우- 뭔가 속으로 한숨이 가라앉는다.

 곤고할 때 누군가의 말 한마디가 한 인생을 소생시킨 예는 얼마든지 있다.
 우리는 상대에게 정작 필요한 것이 무엇인지 잘 모른다. 제게 필요하면 그 사람에게도 좋을 거라 곧잘 선심을 쓴다. 물론 그것조차도 무심한 메마른 사람보다야 만 번 낫지만 한 인생을 살려낸다는 것은 아무나 하는 일이 아니다.
 인간을 살리는 것은 물질이 아니다. 물질은 순간의 필요일 뿐이다. 그 인생을 살리는 것은 결국 사랑이다. 앞의 아무것도 아닌 말 한마디가 내 인생을 붙들고 있었다는 걸 어찌 생각하는가.
 내가 그 말에서 얻은 힘은 자생력이요, 또한 절대 자기포기의 불용(不容)이었다. 물론 그 말은 어쩌면 누구에겐 말 같지도 않은 말이겠지만 내겐 아니었다. 그 말을 어떻게 소화하고 살아가야 할지는 전혀 내 문제였다. 이 세상에서 내 대신 나를 살아줄 사람은 아무도 없으니까. 굼벵이도 뒹구는 재주로 살 듯이 모두는 다 나름대로 재주껏 살게 되어 있다.

 우리는 어지간히 지껄이며 산다. 날마다 지껄이고 사는 말이 자신을 어떻게 이끌고 있는지에 우리는 전혀 관심이 없다. 그냥 지껄일 뿐이다. 이젠 좀 말을 골라가며 살아야잖을까 하는 뉘우침이 든다. 꼭이 도의적 차원이 아니라 스스로가 제대로 살아남기 위해서.

말씀으로 천지를 창조하시고 말씀으로 운행하시는 분을 돌이켜 본다. 인간은 결국 말이 생명이라는 결론을 보면서 말이다. 우리는 저 영혼 깊숙이서 올라오는 말로 살아가는 존재임을 거듭 명심해야겠다. 누구나 저를 받치고 있는 중심언어가 있다는 말이다.

내가 젊었을 때 70년대 초반 크리스마스 무렵 나는 이희호 여사로부터 책 한 권을 선물 받았다. 그동안 가끔 책을 받았지만 주로 자기 작품이었고 나는 당연하게 그냥 넙죽 받았을 뿐인데 그날 책은 정중하게 헌정사까지 씌어 있었다.

그분은 어쩌자고 하필이면 그 많은 책 중 미국의 여전도자 유지나 프라이스의 **《여성이 여성에게》**란 책을 왜 내게 주셨는지 나는 묻지도 않았고 그분도 함묵했다.

하! 그런데, 지금 우리는 서로 주고받는다. 그때 했어야 했던 말들이다.

그때 나는 그냥 좋은 책으로 읽었고 걸핏하면 좋은 말씀을 여기저기서 잘 인용은 했지만 오늘- 지금, 나는 모든 문제의 시종을 꿰뚫고 있다.

나는 그 책을 읽은 이후로 비로소 흔들림 없는 내 삶을 살아왔다고 감히 자부한다.

직업 종교인도 아니면서 구석구석 찾아다니며 말씀을 전하고 보수 같은 건 꿈에도 모르고 당연하게 조용히 사명을 감당하는 그녀, 유지나 프라이스. 나와 기질이 너무 닮아서 아마 나는 내 짓들이 그 책의 영향인 걸 미처 몰랐었나 보다.

내 비록 초라한 인생이지만 흔들림 없이 방황하지 않고 여기까지 올 수 있었던 게 바로 그녀 때문이었단 걸 나는 지금 역력히 느낀다.

나는 글을 쓰지만 얘기꾼 소리는 질색이다. 내겐 얘기를 얽어 재미를 부추기는 재주도 없을뿐더러 나는 소설가도 수필가도 아니며 그런 칭호도 더욱 원치 않는다. 다만 나는 누가 내 글을 읽고 제 생각이 뭔가 전과 좀 달라진 것 같다는 말을 들었을 때 얼마나 기뻤는지 모른다.

(결국 그런 날도 있게 되는구나.)

그러자고 나로 글을 쓰게 하신 분이 계시니까.

글쎄, 언제까지, 어디까지 하시는지 우리 기대하자꾸나.

너의 맡바닥
믿음을 보이라

나는 어찌 보면 썩 담대한 것 같아도 천성이 어찌나 소심하고 심약한지 난감할 때가 한두 번이 아니다.

논리를 개진할 때는 자못 놀랍도록 담대하다. 만약 누가 내 의견에 시비를 걸고 반박한다면 그는 결국 민망한 꼴이 되고 만다. 그런데 어떤 문제가 발생하면 나는 금세 울상이다. 정말 누가 봐도 웃기는 짜장면이다. 양면성이 너무 강해 어느 쪽이 참 나인지 스스로도 판단하기 참으로 난해하다.

그러나 하나님이 주신 신묘한 무기(?)로 용케도 자기 조정하는 균형을 보게 된다. 역시나 은혜가 아닐 수 없다. 오늘 나의 얘기에 더욱 귀를 기울여야 할 이유가 될 것이다.

도서관에서 나이 든 아저씨가 늘 책을 읽고 있었다. 어느 날 일부러 기웃하고 책 제목을 훔쳐봤다.

《겁나지만 겁내지 않는다》

와- 어느 목사님의 화제작이었다.

나는 무엇이나 노트하는 습관이지만 며칠 전 내 노트에서 〈염려는 무의식적인 신성모독이다〉는 오스왈드 챔버스의 명언을 보고 기절초풍하는 줄 알았다. 분명 내가 체크해놓은 것인데 전혀 초문으로 들어와서다.

엉뚱하게도 이 두 사건은 나로 하여금 이것을 쓰지 않을 수 없게 하고 있었다.

자, 겁이 나는 것은 본능이지만 겁을 내는 것은 인격이다. 염려가 되는 것은 자연발생적이지만 염려하는 것은 믿는 이로서 제 책임이다.

왜?

두려워 말고 겁내지 마라, 염려하지 말고 강하고 담대하라가 성경에 365번이나 나와 있다고 한다. (안 세어 봤지만.)

하나님이 우리에게 무엇을 요구하시는지는 자명하다. 그리고 자그마치 365번씩이나 반복 강조하신 이유는? 아무리 미련둥이라도 모른다곤 못 할 것이다.

한두 번 하신 말씀도 다 기억하는데 위 말씀은 이미 귀에 딱지가 앉아 있다. 그렇담 우리는 하나님이 염려하신 상태에서 이미 해방되어 있다는 말인가?

하! 다른 사람은 몰라도 나는 어림 반푼도 없다. 아마 1,000번을 더 강조해도 마찬가지일 것이다. 그런데 하나님의 말씀은 참으로 신묘막측하다. 모르겠으면 무작정 그 문제를 그냥 들여다보고 있어보라. 답을 얻을 때까지 그대로 계속 파고 있으라. 아마 진력이 날 때쯤 무슨 생각이 떠오를 것이다. 그것이 뭐든, 맘에 들든 말든 계속 씹어보면 말되는 말이 되어져 나올 것이다. 한 번도 생각해본 적이 없던 말일 수도 있다.

나는 그랬다. 나도 모르게 뱉어낸 말을 정리하고 놀랐다. 너무 명문이어서.

이건 방언이 아니다. 내 안에서 나온 내 믿음의 소리였다.

사람들은 걸핏하면 의식적으로 믿음경쟁을 잘 벌인다. 그리고 누가 저를 믿음 좋은 사람으로 보아줄 때 몹시 만족해한다. 참으로 한심하다. 자신의 무의식까지가 하나님께 순종하고 있는지 여부도 알아차리지 못하면서 말이다. 신앙이냐, 의식의 종교화냐, 말장난이 난무한다. 그야 사람마다 신앙생활의 양태가 가지각색이다. 기도를 길게 하느니 짧게 하느니 찬송을 많이 부르니 마니……. 그러곤 잘 갖추고 꾸미고 좋은 평판을 수반하기를 무척 고심한다. 도대체 그것이 믿음과 무슨 상관이란 말인가.

자, 진짜 믿음이 무엇인지 한번 해부해보자. 겁나는 것과 겁내는 것 사이에서 내가 무엇을 어찌하는가로 믿음은 판가름 난다.

젊었을 때 읽었던 얘기다.

세계적인 어느 유명한 신학자가 지금 사형장으로 끌려가고 있다. 그는 가슴이 터질 듯 벌벌 떨고 있었다. 그는 불안을 어떻게 주체할 수가 없었다.

그러자 그는 문득 깜짝 놀랐다.

아, 저 바깥사람들이 지금 나의 이 꼬라지를 안다면?…… 그는 이번엔 그것이야말로 더욱 불안에 떨게 했다. 아, 세상에 내가… 내가… 이 꼴이라니 어떡해… 어떡해… 저들은 내가 죽는 게 안타까운 게 아니라 이 꼬락서니가 더 슬프겠다 싶으니 정말 견딜 수가 없었다.

하! 그래 그게 어쨌다는 거가? 당연하지. 본능이 떠는 게 무슨 상관인가? 그렇지 않으면 오히려 그게 이상하지.

무슨 소리냐겠지만 예수님도 똑같이 떠셨다.

〈이 잔을 내게서 옮기시옵소서.〉

또 〈어찌하여 나를 버리셨나이까?〉

한스런 원망도 하셨다.

그래, 뭐가 어쨌다는 건가!

인간의 본능은 본래 잘잘못을 가리기 전에 반사적으로 분출

한다. 다만 끝끝내 자신을 어떻게 처리하는가만 제 몫일 따름이다.

물론 대부분의 사람은 본능과 함께 끝낸다. 그러나 하나님의 사람은 하나님을 뵐 때까지 버틴다. 저도 모를 그럴 힘이 그들의 밑바닥에 깔려 쌓여 있다. 근사하게 꾸미고 －척하는 것이 아닌 것 말이다.

하나님은 그것을 기다리신다.

〈너의 밑바닥 믿음을 내게 보이라!〉

나는 왜
좀 더 부자가 되지 못했던고!

너 나 없이 온 세상이 한결같이 한숨으로 읊조리는 이 탄식이 어떻게 통쾌하게 박살이 나는지 나는 오늘 이 사실을 당신에게 꼭 보여주고 싶다.

그리고 우리가 그 오욕의 탄식 속에 함몰되어 하마터면 인간 쓰레기장으로 폐기되고 말 것을 느낌표 하나의 따뜻한 해석 차이로 내가 감히 인간다운 인간들 곁에서 동거하게 되다니 천운이요 천행이 아닐 수 없다.

이 얘기는 내가 자주 논급한 테마다.

2차대전 중 독일의 점령지 폴란드의 크라우. 수단 방법을 가리지 않고 오로지 치부에만 혈안이 된 체코인 기회주의자 오스카 쉰들러가 계획적으로 나치 당원이 되어 유대인의 공장을 인수해 유대인의 무임착취로 거부가 된다.

오스카는 사업이 번창하여 수하에 유대인 회계사를 두게 된다. 그들은 사이가 좋았다.

동족이 아우슈비츠 가스실로 날마다 끌려가는 것을 보며 회계사는 눈물로 지샜다.

이를 본 오스카는 점차 저도 모르게 변해가고 있었다. 드디어 그는 돈 벌 때 쓰던 수법으로 독일군 장교를 매수하여 제가 지방에 그릇 공장 하나를 인수했는데 인력이 필요하다며 한 명씩 유대인을 빼돌렸다. 아예 회계사와 날마다 살려야 할 유대인 명단을 작성했다. 이른바 〈쉰들러 리스트〉.

아마 이 유명한 영화를 대부분 관람했을 것이다.

오스카는 제 돈이 바닥이 날 때까지 전력을 다해 죽기살기로 굴었다.

종전이 되고 보니 그가 빼낸 유대인 수가 1,100명이었단다.

미친 사람처럼 뛰던 그는 종전이 되자 맥이 빠져 그대로 폭삭 쓰러졌다.

눈을 떠보니 손에 차고 있는 제 시계가 보였다. 정신이 번쩍 든 그는 아! 이 시계를 팔았더라면 유대인 한 명은 살릴 수 있었는데…. 아, 이 차를 팔았다면 유대인 몇은 더 살릴 수 있었는데…. 더 살릴 수 있었는데…….

〈아! 나는 왜 좀 더 부자가 되지 못했던고!!〉

그는 가슴을 쥐어뜯으며 울부짖었다.

나는 예전에 그 대본을 읽으며 나도 그만 그 자리에 폭삭 드러누워 버렸다.

아무리 희곡 공부를 했지만 나는 그때까지 그렇듯 감동적인 대사를 만나본 적이 없었다.

자, 그래도 이 말이 부자가 되지 못한 한풀이 신세타령이란 말인가.

돈은 좋은 돈 나쁜 돈이 따로 없다. 그 돈을 어떤 사람이 가졌는가에 따라 이름이 달라진다.

전에 내가 쓴 글에 〈부자가 되어 부자로 살지 말라〉라는 단상이 있다.

우리는 모두 부자가 되어야 할 의무가, 아니 사명이 있다. 왜? 하나님이 그러라고 하셨으니까. 나보다 못한 자를 위해 네 손을 세올리하지 말라고 하셨다.

하나님이 가장 저주하시는 말이 〈악하고 게으른 종아〉이다.

돈은 임자가 따로 있다. 억만금이 있어도 내가 쓰는 만큼만 내 것이다. 그런데 그마저 제 맘대로 못 쓰게 되어 있다는 것이다.

D. 카네기가 기막힌 명언을 했다. 사람이 부자인 채로 죽는 것은 부끄러운 일이라고.

더 무슨 설명이 필요하랴. 쓸데도 없는 돈을, 쓰지도 못할 돈을, 뭐 하자고 많이 가져야 하는가.

부디, 빌고 또 빌자.
아무쪼록 많은 돈이 당신 손을 쓸모 있게 잘 거쳐나가길!

맺음말

형 하나님!
이 천길 구렁텅이에 꼭 이대로 두실 겁니까?

동생 (혼잣말로) 또 시작이다.

형 너 그놈의 주둥이….

동생 (조용히 노래) 기도할 수 있는데 왜 걱정하십니까….

형 누군 몰라? 잘난 척하지 마.

동생 그럼 됐네. 아는 대로 행하시지.

형 삼천만이 안다고 삼천만이 똑같냐?

동생 그러게 제대로 알아야지.

형 제대로? 어떻게?

동생 (노래) 주님 앞에 무릎꿇고 간구해 보세요-.

형 씨끄러! 저런 것들 땜에 교회가 싫어진다니까.
그게 잘 믿는 거냐? 잘난 제 팔자 자랑이지.

동생 틀린 말 아니네.

형 ……?

동생 형! 형은 지금 내가 울고 있는 거 몰라?

형 ……알지…… 알아. 미안! 내 주둥이야말로 늘 맘에 없

　　　　는 소릴 잘 지껄여. 그래서 내가 이 모양이란 것도 잘 알아… 알아….

동생　　형! 우리 다시 한번 기도해보자. 반드시 좋은 결과 있을 거야. 이번엔 될 때까지 하는 거다?

형　　될 때까지?

동생　　(노래) 마음을 정결하게 뜻을 다하여….

형·동생　(입을 모아 떠나갈 듯 크게) 할렐루야!! 아멘!!

사랑아 사랑아

초판 1쇄 2025년 8월 8일

지은이 김유심
펴낸이 이현주
책임편집 이현주
디자인 스튜디오 아홉

펴낸곳 사자와어린양
출판등록 2021년 5월 6일 제2024-000050호
주소 03445 서울시 은평구 은평터널로 159, 101호
전화 010-2313-9270   **이메일** sajayang2021@gmail.com

ⓒ김유심, 2025

ISBN 979-11-93325-16-2 03230

＊사자와 어린 양이 뛰놀고 어린이가 함께 뒹구는 그 나라의 책들＊